学校が変わる!! 授業が変わる!!
「庄原式」授業づくり

著　広島県立庄原特別支援学校

はじめに

　本書は,知的障害特別支援学校における「特色ある教育課程の編成」及び「授業づくり」について,本校独自で実践と研究を重ねてきたものをまとめ,それぞれの地域や学校等で幅広く活用していただきたいと考え発刊するものです。

　本校の実践研究のスタートは,平成23年度に,私が着任し,授業を改善するためには教育課程の編成に係る研究が必要だと考えたことからでした。本校では,研究を進めていくために,教育課程検討会議を校長の諮問機関として立ち上げ,管理職,各学部の教務主任と教育課程編成に向けて中心的に活動できるメンバーで構成しました。

　教育課程とは,学校全体として,組織的,継続的に児童生徒に対する教育を行っていくために必要な教育計画であり,各学校が教育活動を進めていく上での基本となるものだと考えます。そこで,本校では,教科用図書の選定の段階から,各学部学年の系統性を考慮し,教育課程に関する考え方を整理するところから研究に着手しました。教育課程編成では,各学部の系統性を考慮し,単元構成表を作成しました。同時に,単元計画の様式を大幅に変更し,教育課程の評価を意識したものにしました。学習指導略案により毎時間の授業を評価し,単元計画により単元を評価し,その単元の評価を集めたものが教育課程の評価である,という考えの下,教育課程評価,編成のＰＤＣＡサイクルを確立しました。平成26年度からは,観点別評価を導入し,それに合わせて学習指導略案の様式を変更しました。毎時間の授業の中で,どのような観点で評価するのかということを意識し,また,教科等を合わせた指導において,合わせている教科を意識することもできるよう工夫しています。そして,授業づくりに係る研究を学校経営計画の行動目標に位置付け,全教職員で実践するようにしました。

　本校における実践が,他の学校においても参考になれば幸いです。本書を活用していただき,合わせてご指導もいただきたいと思います。

平成27年3月
広島県立庄原特別支援学校
校長　東内　桂子

目　次

はじめに ………………………………………………………………………… 3

広島県立庄原特別支援学校 …………………………………………………… 7

第1部　理論編
第1章　組織的・体系的な学習評価を促す実践
　1　はじめに ……………………………………………………………… 13
　2　学習指導略案による学習評価 ……………………………………… 14
　3　単元計画による単元の評価 ………………………………………… 16
　　　・単元構成表　・単元系統表　・単元計画
　4　教育課程の評価 ……………………………………………………… 25
　　　・平成 27 年度教育課程編成に係るアンケート ………………… 27
　5　まとめ ………………………………………………………………… 28

第2章　学校全体での研究による授業づくりの実践
　1　学校経営計画と研究との関連 ……………………………………… 29
　2　研究テーマと研究仮説，研究方法 ………………………………… 31
　3　その他の研究方法について ………………………………………… 32
　4　学習指導略案について ……………………………………………… 34
　5　学習指導案について ………………………………………………… 37
　6　実際の授業づくり …………………………………………………… 41

第2部　実践編
第1章　学習指導案から見る研究授業の工夫点
　1　小学部（第1・2学年）・生活単元学習 …………………………… 51
　2　小学部（第6学年）・遊びの指導（おはなし） …………………… 63
　3　中学部（第1学年）・音楽科 ………………………………………… 73
　4　中学部（第2学年）・作業学習 ……………………………………… 81
　5　高等部（第1学年）・作業学習 ……………………………………… 90
　6　高等部（第3学年）・作業学習 ………………………………………105

第2章　学習指導略案から見る毎時間の授業

1. 小学部（第1・2学年　単一障害学級）・遊びの指導（おはなし） ……… 116
2. 小学部（第4学年　重複障害学級）・遊びの指導（うんどう） ……… 118
3. 中学部（第1学年　単一障害学級）・保健体育 ……… 121
4. 中学部（第1学年　重複障害学級）・自立活動 ……… 123
5. 高等部（第1学年　重複障害学級）・生活単元学習 ……… 126
6. 高等部（第2学年　単一障害学級）・音楽科 ……… 128

コラム

1. 業務をスムーズに行う工夫 ……… 131
   - ①業務遂行表の活用 ……… 131
   - ②分掌別関係資料について ……… 136
   - ③全体計画（人権教育）を踏まえた授業実践の取組 ……… 141
2. 広島県特別支援学校技能検定 ……… 150
3. 本校の教育課程研究の変遷 ……… 152
4. 地域とのつながり ……… 160
   - ①「ゆるるの森づくり」事業 ……… 160
   - ②特別支援教育の"わ"サマーディスカッション ……… 165
   - ③ザ・ビッグ庄原店での展示・販売会 ……… 168
   - ④海外交流について ……… 171
   - ⑤みよし商工フェスティバル ……… 174

参考文献 ……… 177

おわりに ……… 179

附録　CD-ROM
- ○単元系統表
- ○単元構成表

広島県立庄原特別支援学校

1 学校の概要

本校は，昭和54年に庄原格致高等学校内に広島県立庄原養護学校設置開校準備室として設置され，その後，現在地にて，小学部17学級，中学部10学級の学級編制で開校されました。また，同時に三次・粟屋分級，三次・河内分級も開校されました。さらに，昭和55年に本校及び三次・河内分級に高等部が設置されました。平成12年に三次・河内分級が，次いで平成22年に三次・粟屋分級が本校に統廃合され現在に至っています。

平成26年度現在，小学部7学級15名，中学部4学級12名，高等部9学級55名，計82名の児童生徒が学んでいます。本校は，県北唯一の特別支援学校であるため，庄原方面，三次方面，世羅方面など広範囲から児童生徒が通ってきています。ほとんどの児童生徒がスクールバス，保護者の送迎にて通学していますが，高等部の生徒の中には，路線バス，自転車，徒歩による通学をしている生徒も約30名います。

2 教育課程

本校は，知的障害者である児童生徒に対する教育を行う教育課程を編成し，小学部・中学部・高等部それぞれの発達段階に即した学習形態で，一人一人を大切にしたきめ細かな指導を行っています。小・中学部は，単一障害学級・重複障害学級の2つの教育課程を，高等部は，単一障害学級を障害の程度に応じて類型Ⅰ，類型Ⅱに分け，重複障害学級と合わせ3つの教育課程を編成しています。

各学部の指導形態の詳細は以下の通りです。

小学部単一障害学級では，各教科等を合わせた指導（日常生活の指導・生活単元学習・遊びの指導），重複障害学級では，各教科等を合わせた指導（日常生活の指導・生活単元学習・遊びの指導）と自立活動を編成しています。

中学部単一障害学級では，各教科等を合わせた指導（日常生活の指導・生活単元学習・作業学習）と各教科（音楽・保健体育），総合的な学習の時間，重複障害学級では，各教科等合わせた指導（日常生活の指導・生活単元学習）と自立活動，総合的な学習の時間を編成しています。

高等部単一障害学級（類型Ⅰ）では，各教科等を合わせた指導（日常生活の指導・生活単元学習・作業学習），各教科（国語・数学・音楽・美術・保健体育），総合的な学習の時間を編成しています。単一障害学級（類型Ⅱ）では，各教科等を合わせた指導（日常生活の指導・生活単元学習・作業学習）各教科（音楽・美術・保健体育），総合的な学習の時間を編成しています。重複障害学級では，各教科等を合わせた指

導（日常生活の指導・生活単元学習・作業学習），自立活動，総合的な学習の時間を編成しています。

また，訪問教育では，小・中・高等部ともに各教科等を合わせた指導（日常生活の指導）と自立活動を編成しています。

3 教育の方針

本校では，学校経営計画ビジョン（使命の追求を通じて実現しようとする自校の将来像）の「育てたい子供像」として，知・徳・体，言語活動を柱に

知は，「学習活動をとおして，自ら学び伸びようとする子供」
徳は，「人との関わりの中で，他者を尊重する心を持つ子供」
体は，「健康で安全に生活できる知識と体力を身に付けた子供」
言語活動は，「理解できる言葉を多く持ち，自分の意思を伝えるスキルを身に付けている子供」

を掲げ，高等部卒業後の，具体的な子供像を設定し，取組を進めています。

また，学校経営計画に基づく学校経営目標として
(1) 学力の向上
(2) 豊かな心の育成
(3) 体力の向上
(4) 発達段階に応じた教育内容の充実

の4点を挙げています。児童生徒がどのように成長してほしいかという，「育てたい子供像」に向けて目標設定をしていることが，本校の学校経営目標の特徴です。

また，本校の教育目標は以下のとおりです。

一人一人の特性に応じた教育を行い，その可能性を最大に伸ばし，社会参加や自立につながる生きる力を育てる

本校は，「県北地域における唯一の特別支援学校として，専門性に基づく教育機能を発揮し児童生徒の生きる力を育成するとともに，地域のセンター的機能を果たす」ことを使命として上記の学校教育目標を掲げ，自ら伸びようと意欲的に学び，人との関わりの中で他者を尊重する心や健康で安全に生活できる知識と体力を身に付け，理解できる言葉を多く持ち，自分の意思を伝えることができる児童生徒の育成を目指し，日々の教育活動を行っています。

上記の目標を達成するために，3年間の研究テーマとして，平成24年度から「主体的活動を促す授業作り」を掲げ，「授業における目標を具体的に設定し，毎時間評価し，さらに工夫し，改善することにより，児童生徒の主体的な活動を促すことができる」という仮説を立て実践研究の取組を行っています。

4 学校の特色

　本校は，広島県庄原市に位置しており，児童生徒のほとんどが庄原市，三次市等県北に在住しています。庄原市，三次市から協力的な支援を受けているとともに，地域住民の皆様，教育・産業等関係各所の皆様の協力を得て，連携を図りながら特色ある教育内容の実現を目指しています。

　近年，高等部において，軽度知的障害の生徒が増加し，一般就労希望者が増加傾向にあります。そのため，作業学習，就業体験，職場実習等のキャリア教育の一層の充実を図る必要があります。平成22年度からは，本校にジョブサポートティーチャーが配置され，学校と関係諸機関や企業等との連携を図りつつ，生徒の職場開拓や職業指導の充実に努めています。個々の児童生徒の教育的ニーズを明確にし，個別の指導計画に基づいて各授業が計画的，効果的に実施できるよう年間指導計画，単元計画に基づいて実施しているため観点別評価を取り入れて導入するなど学習評価の精度を高めることを通して，学習指導略案の充実を図り授業づくりを進めるとともに，児童生徒の将来を見据えた，小学部から高等部までの系統性を考慮した教育内容の改善に努めています。

　また，県北唯一の特別支援学校として，センター的機能の充実を図るため，平成21年度から1名配置されている教育相談主任（特別支援教育コーディネーター）を中心に特別支援教育の情報発信の継続と県北地域の保育所・幼稚園・小学校・中学校・高等学校等における特別支援教育のネットワーク化を図り，本校を中核とする関係機関等との地域支援ネットワークを構築しようと取組を進めています。

　また，グローバル社会に対応できる幅広い視野を持ち，主体的に行動するコミュニケーション能力を身に付けた児童生徒を育成するため，シンガポールの特別支援学校2校 (Towner Gardens School, Fernvale Gardens School) と姉妹校提携をし，ビデオチャットを活用した情報交換や，Edomodoというアプリを活用して自画像や写真等を紙にはって作った自分の作品を送り合うフラットスタンレー活動等海外交流を行っています。本年度は，2週間の短期海外留学も企画し，高等部生徒2名が姉妹校を訪問しました。実際に姉妹校の生徒とコミュニケーションを取ったり授業に参加したりするなどに体験的に異文化に触れ，理解を深めることができました。

第1部 理論編

第1章
組織的・体系的な学習評価を促す実践

第2章
学校全体での研究による授業づくりの実践

第1章　組織的・体系的な学習評価を促す実践

1　はじめに

　本校では，学校経営計画ビジョンの実現に向けて，学校経営計画，教育課程，単元計画，年間指導計画，学習指導略案等を評価，改善するように研究を進めており，PDCAサイクルに基づき，組織的・体系的に学習評価についての研究を行っています。
　その中でも，組織的・体系的な学習評価を促す実践として
(1)　学習指導略案による学習評価
(2)　単元計画による単元の評価
(3)　教育課程の評価
以上の3点を中心に，研究・実践を進めています。（図1，2）

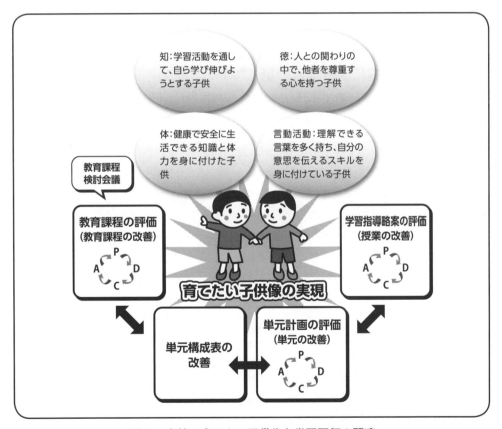

図1　本校の育てたい子供像と学習評価の関連

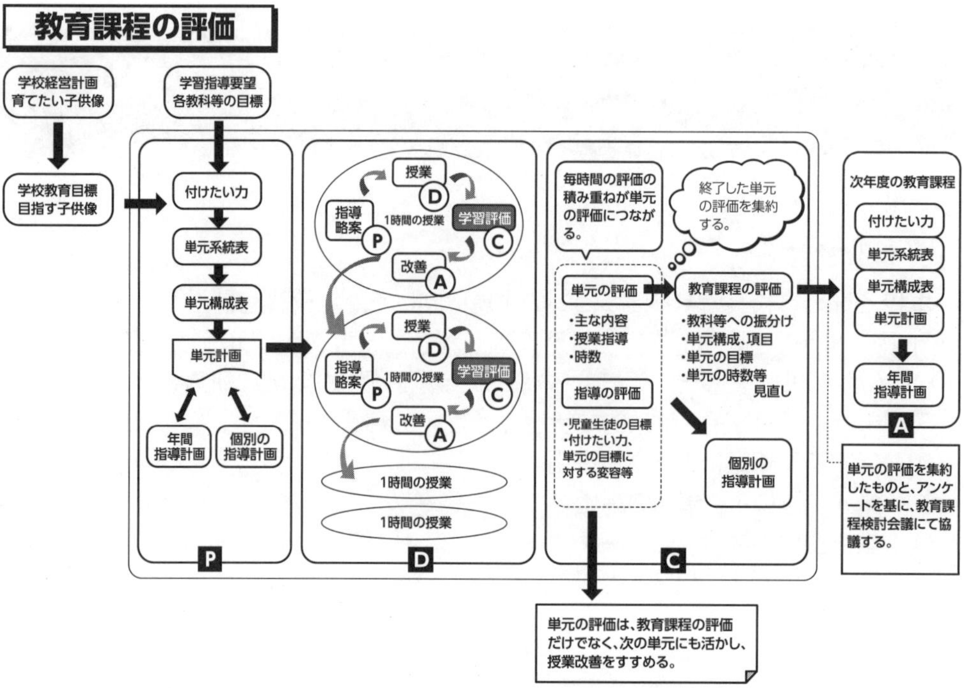

図2 本校の育てたい子供像と学習評価の関連（具体的な流れ）

2　学習指導略案による学習評価

　本校では，学習指導略案（図3）と単元計画を活用し，「毎時間の授業の評価を積み重ねることで，教育課程を改善することができる。」という基本的な考え方のもと，実践を積み重ねており，学習指導略案の様式を，授業改善及び教育課程研究の基礎資料となるように順次改訂を行ってきました。

　そして，学習指導略案を活用して，授業後の評価を行っており，毎時間，授業を振り返り，評価を行うことが定着してきています。学習指導略案には，「目標の達成度」，「目標の妥当性」，「支援の有効性」の3つの観点について，評価欄（A～Dの4段階）を設けており，①「評価」の欄には，目標を達成したかどうかという，「目標の達成度」についての評価を記入しています。②「目標設定」の欄には，児童生徒への目標の適切性を検討し，「目標の妥当性」についての評価を記入しています。③「支援」の欄には，支援の手立てが有効であったかどうかという，「支援の有効性」についての評価を記入しています。

　このように，毎時間評価を繰り返すことで，児童生徒が目標を達成できたかどうか，また，授業者の目標設定や支援についても振り返り，評価することが定着しており，毎時間の評価の積み重ねが単元計画の評価につながるシステムとなっています。

　今年度から，学習指導略案を活用して，観点別評価にも取り組んできました。観点別評価の取組については，第2章で詳しく記述します。

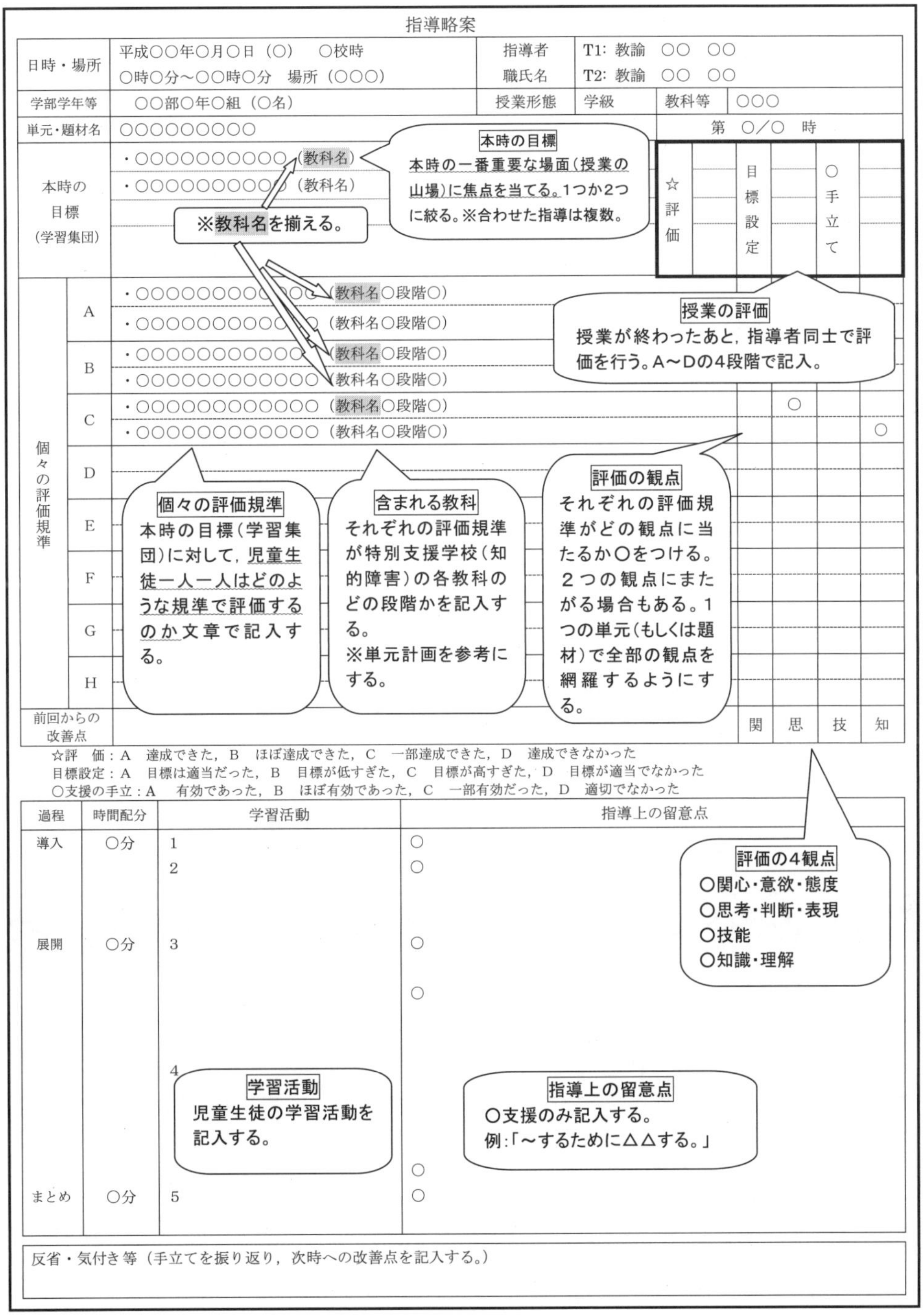
指導略案
日時・場所
平成○○年○月○日（○）　○校時
○時○分～○○時○分　場所（○○○）
指導者
職氏名
T1: 教諭　○○　○○
T2: 教諭　○○　○○
学部学年等
○○部○年○組（○名）
授業形態
学級
教科等
○○○
単元・題材名
○○○○○○○○○
第　○／○　時
本時の目標（学習集団）
・○○○○○○○○○○○（教科名）
・○○○○○○○○○○○（教科名）
☆評価
目標設定
○手立て
個々の評価規準
A
・○○○○○○○○○○○○○（教科名○段階○）
・○○○○○○○○○○○○○（教科名○段階○）
B
・○○○○○○○○○○○○○（教科名○段階○）
・○○○○○○○○○○○○○（教科名○段階○）
C
・○○○○○○○○○○○○○（教科名○段階○）
・○○○○○○○○○○○○○（教科名○段階○）
D
E
F
G
H
前回からの改善点
関
思
技
知
☆評　価：A　達成できた，B　ほぼ達成できた，C　一部達成できた，D　達成できなかった
目標設定：A　目標は適当だった，B　目標が低すぎた，C　目標が高すぎた，D　目標が適当でなかった
○支援の手立：A　有効であった，B　ほぼ有効であった，C　一部有効だった，D　適切でなかった
過程
時間配分
学習活動
指導上の留意点
導入
○分
1
2
展開
○分
3
4
まとめ
○分
5
反省・気付き等（手立てを振り返り，次時への改善点を記入する。）
本時の目標
本時の一番重要な場面（授業の山場）に焦点を当てる。1つか2つに絞る。※合わせた指導は複数。
※教科名を揃える。
授業の評価
授業が終わったあと，指導者同士で評価を行う。A～Dの4段階で記入。
個々の評価規準
本時の目標（学習集団）に対して，児童生徒一人一人はどのような規準で評価するのか文章で記入する。
含まれる教科
それぞれの評価規準が特別支援学校（知的障害）の各教科のどの段階かを記入する。
※単元計画を参考にする。
評価の観点
それぞれの評価規準がどの観点に当たるか○をつける。2つの観点にまたがる場合もある。1つの単元（もしくは題材）で全部の観点を網羅するようにする。
評価の4観点
○関心・意欲・態度
○思考・判断・表現
○技能
○知識・理解
学習活動
児童生徒の学習活動を記入する。
指導上の留意点
○支援のみ記入する。
例：「～するためにに△△する。」

図３　学習指導略案様式

3 単元計画による単元の評価

本校では，単元計画を作成する前段階に，単元構成表を作成しています。つまり，2段構えでの「単元づくり」を行っていると言えます。単元構成表の特徴としては，

(1) 学校経営計画の育てたい子供像を反映している

本校では，学校経営計画に掲げる「育てたい子供像」から，各学部が掲げる「目指す子供像」を設定し，学習指導要領における各教科等の目標を達成させるために必要な具体的な力として，「付けたい力」を位置付けています。そして，「付けたい力」から，各教科等の目標を基に，指導形態別に目標を設定し，更にそれを基に，単元の構成，内容の項目，目標，授業時数の設定をしています。

(2) 学習指導要領における指導すべき内容を網羅している

以前は，単元計画の中で，学習指導要領における各教科等の指導すべき内容がすべて網羅できているか，確認することが難しかったのですが，単元構成表作成後は，学習指導要領における各教科の指導すべき内容を把握することができ，単元構成表に基づいて授業を実施すれば，各教科の内容を網羅できる仕組みになっています。

(3) 小学部，中学部，高等部の12年間を見据え，内容を系統的に配列している

以前は，学習評価の際には各学部がそれぞれの裁量で内容を考えていましたが，内容に重複する部分があること，下学年の方が難しい内容に取り組むことが出てくること等，学校全体としての課題がありました。そこで，小学部から高等部までの段階を意識することで，学部(学年)ごとに内容を考えるのではなく，学校として系統的な内容になるように単元を構成しています。

平成27年度 各学部教科等 単元構成表（単一障害）

単元名		小学部	教科等	遊びの指導（おんがく）

4学年			
	単元名	単元目標	時数目安
1	触れて遊ぼう	・いろいろな音や音楽を聴いて，好きな音や音色を見つけることができる。(音2(1)) ・教師や友達と一緒に，ごっこ遊びなどの簡単なルールのある遊びをすることができる。(生2(3) 道徳，人権) ・音楽活動を通して，集団での遊びに参加し，簡単な係活動などをすることができる。(生2(5) 道徳，人権)	17
2	リズムで遊ぼう	・友達や教師と一緒に，リズムや音楽に合わせて，身体を動かすことができる。(音2(2)) ・友達と一緒に，手をつないだり並んだりして，歩く，走る，跳ぶなどの基本的な運動をすることができる。(体2(1)) ・音楽活動を通して，教師や友達と簡単なきまりのある遊びをすることができる。(生2(3) 道徳，人権)	17
3	表現してみよう	・歌の一部分を歌ったり，歌いたい気持ちを声などで表現したりすることができる。(音2(4)) ・音楽を通して，見聞きしたことなどを簡単な言葉で話したり，表情や身振りで伝えたりすることができる。(国2(2)) ・音楽活動を通して，教師や友達と簡単なきまりのある遊びをすることができる。(生2(3) 道徳，人権) ・音楽活動を通して，集団での遊びに参加し，簡単な係活動などをすることができる。(生2(5) 道徳，人権)	18

図4-1 単元構成表

	5学年		
	単元名	単元目標	時数目安
1	いろいろな音楽をきこう	・教師や友達の楽器などの音を聴いて，関心をもつことができる。(音3(1)) ・順番を守ったり，交代したりするなどのルールのある遊びを友達と一緒にすることができる。(生3(3) 道徳，人権) ・音楽活動を通して，進んで集団での遊びに参加し，簡単な役割をすることができる。(生3(5) 道徳，人権)	17
2	リズムにのろう	・音楽に合わせて 簡単な模倣表現や身体表現をすることができる。(音3(2)) ・教師や友達のいろいろな動きを模倣して，一緒に体を動かすことができる。(体3(1)) ・音楽活動を通して，友達と関わりをもち，きまりを守って仲良く遊ぶことができる。(生3(3) 道徳，人権) ・音楽活動を通して，進んで集団での遊びに参加し，簡単な役割をすることができる。(生3(5) 道徳，人権)	17
3	楽しく歌おう	・伴奏が流れている中で，教師や友達と一緒に歌を歌ったり，1人で歌ったりすることができる。(音3(4)) ・音楽を通して，見聞きしたことなどのあらましや自分の気持ちなどを教師や友達に伝えることができる。(国3(2)) ・音楽活動を通して，友達と関わりをもち，きまりを守って仲良く遊ぶことができる。(生3(3) 道徳，人権) ・音楽活動を通して，進んで集団での遊びに参加し，簡単な役割をすることができる。(生3(5) 道徳，人権)	18

	6学年		
	単元名	単元目標	時数目安
1	いろいろな音楽をきこう	・教師や友達の楽器などの音を聴いて，関心をもつことができる。(音3(1)) ・順番を守ったり，交代したりするなどのルールのある遊びを友達と一緒にすることができる。(生3(3) 道徳，人権) ・音楽活動を通して，進んで集団での遊びに参加し，簡単な役割をすることができる。(生3(5) 道徳，人権)	17
2	リズムにのろう	・音楽に合わせて 簡単な模倣表現や身体表現をすることができる。(音3(2)) ・教師や友達のいろいろな動きを模倣して，一緒に体を動かすことができる。(体3(1)) ・音楽活動を通して，友達と関わりをもち，きまりを守って仲良く遊ぶことができる。(生3(3) 道徳，人権) ・音楽活動を通して，進んで集団での遊びに参加し，簡単な役割をすることができる。(生3(5) 道徳，人権)	17
3	楽しく歌おう	・伴奏が流れている中で，教師や友達と一緒に歌を歌ったり，1人で歌ったりすることができる。(音3(4)) ・音楽を通して，見聞きしたことなどのあらましや自分の気持ちなどを教師や友達に伝えることができる。(国3(2)) ・音楽活動を通して，友達と関わりをもち，きまりを守って仲良く遊ぶことができる。(生3(3) 道徳，人権) ・音楽活動を通して，進んで集団での遊びに参加し，簡単な役割をすることができる。(生3(5) 道徳，人権)	18

図4－2　単元構成表

本校は，平成26年度まで，単元構成表を基に単元計画を作成していましたが，実際に運用してきた上での課題が出てきました。平成27年度は，課題に対して改善を行いました。その結果，新たに単元系統表が作成されました。(図5，6)

単元の系統性

平成26年度までの課題
・現在の各学部で作成している単元構成表では，小学部・中学部・高等部の単元の系統性が分かりにくい。

平成27年度の取組
・各教科等を合わせた指導の各単元が，次の学部のどの単元につながっているのかを明確にした。また，単元で「付けたい力」を設定した。(単元名，主な指導内容，授業形態，時数，<u>含まれる教科及び単元目標</u>)
→単元系統表の作成

各教科等を合わせた指導について，含まれる教科及び単元目標

平成26年度までの課題
・各教科等を合わせた指導において，すべての教科の内容を網羅しているか分かりにくかった。
・単元目標が学習指導要領の教科(知的)の内容と同じ文章で，単元目標として分かりにくかった。
・全体計画(人権教育，道徳，キャリア教育，特別活動，総合的な学習の時間，食に関する指導)を意識した指導が明確でなかった。

平成27年度の取組
・各教科等を合わせた指導において，どの教科を含むのか再点検し，明記した。
・含まれる教科の内容を踏まえて，単元の内容に沿った単元目標を設定した。
・生活単元学習において，小学部から高等部まである単元のうち，全体計画(人権教育や道徳，キャリア教育，食に関する指導)に適した単元について，すべての学部にその内容を加味した単元目標，指導内容を加えた。

生活単元学習(小・中・高)，遊びの指導(小)，国語(高)，数学(高)，音楽(中・高)，保健体育(中・高)，総合的な学習の時間(中・高)の単元系統表を作成し，検討した。

図5　単元系統表を作成した経緯

単元系統表

平成27年度　国語　単元系統表＜単一障害学級（類型Ⅰ）＞

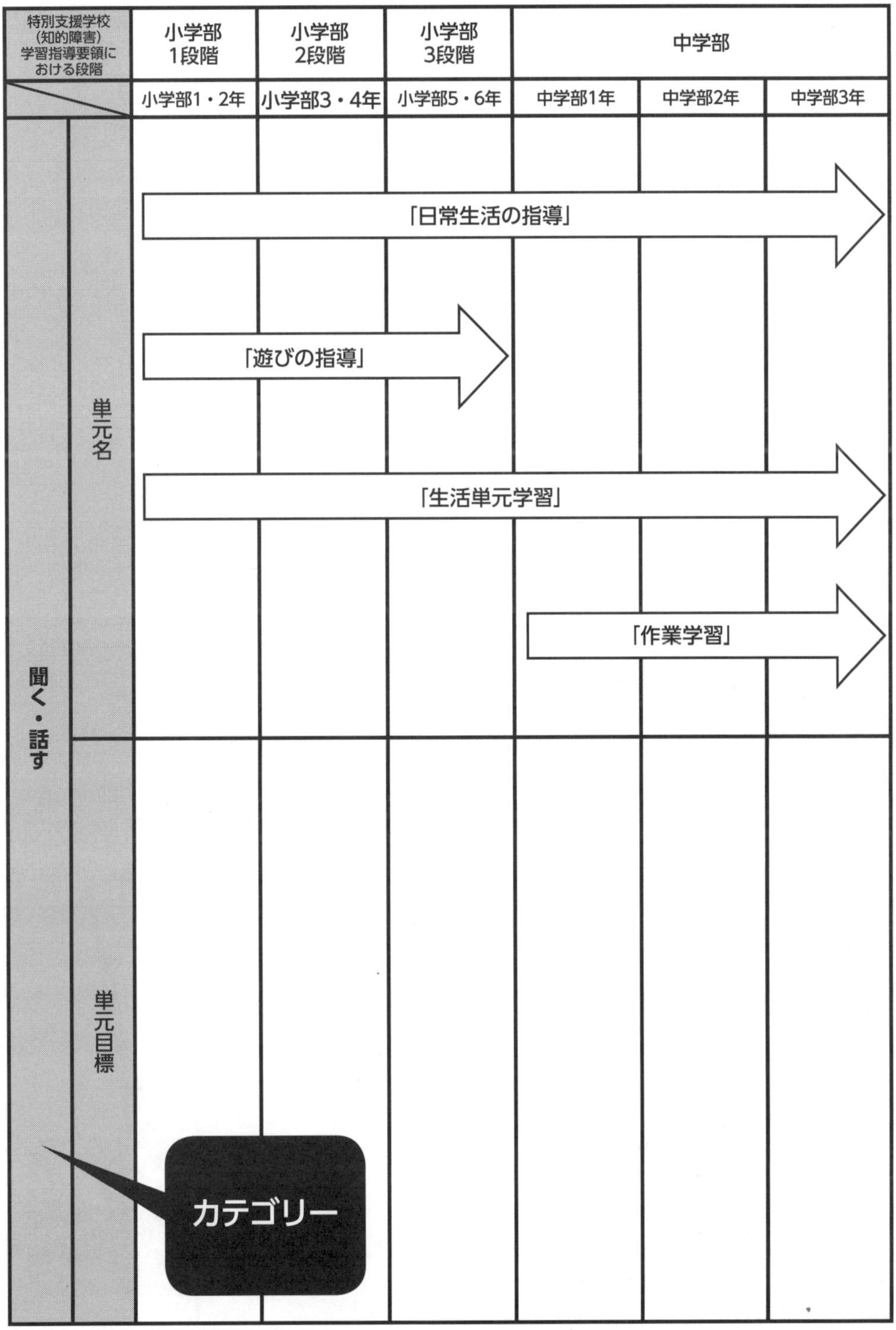

特別支援学校 (知的障害) 学習指導要領に おける段階		小学部 1段階	小学部 2段階	小学部 3段階	中学部		
		小学部1・2年	小学部3・4年	小学部5・6年	中学部1年	中学部2年	中学部3年
聞く・話す	単元名	→ 「日常生活の指導」 → → → → →						
		→ 「遊びの指導」 →						
		→ 「生活単元学習」 → → → → →						
					→ 「作業学習」 → →			
	単元目標	← カテゴリー					

図6-1　単元系統表

単元系統表

平成 27 年度　国語　単元系統表＜単一障害学級（類型Ⅰ）＞

特別支援学校（知的障害）学習指導要領における段階		高等部 1段階	高等部 2段階	高等部 2段階	付けたい力
		高等部1年	高等部2年	高等部3年	
聞く・話す	単元名	<u>自己紹介</u> 5 ・自己紹介について知り，教科書などの文例を読む ・自己紹介文を書き発表する <u>話し合いの力</u> 7 ・話し合いについて知るとともに，言葉を習得し，活用する <u>電話のかけ方</u> 7 ・連絡方法やメモの使い方などについて学習する ・言葉遣いやマナーについて学習する	<u>調査・発表</u> 8 ・グループで調べる ・調べたことを発表する <u>インタビュー</u> 8 ・テーマに沿ってインタビューする ・インタビューしたことをまとめる ・発表する	<u>百人一首</u> 5 ・百人一首について知る ・百人一首を読む ・読み札（絵札）を聞き，取り札（文字札）を取る。 ・学習のまとめをする <u>表現力</u> 7 ・自分の言葉で表現する ・語いを増やし，表現力を高める学習をする <u>あいさつや会話の力</u> 9 ・人前での話し方，聞き方について学習する	
	単元目標	☆話の内容の要点を落とさないように聞き取ることができる。（国1(1)） ☆目的や場に応じて適切に話すことができる。（国1(2)） ・目的に応じて文章を書くことができる。（国1(4)）	☆話し手の意図を考えながら聞き取ることができる。（国2(1)） ☆相手や目的，場に応じて話すことができる。（国2(2)） ・相手や目的に応じていろいろな文章を書くことができる。（国2(4)）	☆話し手の意図や感情を考えながら聞き取ることができる。（国2(1)） ☆相手や目的，場に応じて要点を落とさないよう話すことができる。（国2(2)） ・相手や目的に応じていろいろな文章を適切に書くことができる。（国2(4)）	・人の話を理解する力 ・人と会話をする力 ・相手に自分の気持ちや意思を伝える力 ・情報メディアから必要な情報を得る力

付けたい力と関連がある単元目標

このカテゴリーで付けたい力

図6−2　単元系統表

以上の単元系統表と単元構成表を基に，単元計画（図7）を作成しています。単元計画の特徴としては，

(1) 使用教科用図書（図8），単元で付けたい力，含まれる教科等を記入する

　本校は，知的障害特別支援学校であるため，指導形態として，各教科等を合わせた指導を多く取り入れており，その中に含まれる各教科等における指導すべき内容を記入することで，学習指導要領の内容を網羅できるようにしています。これは単元構成表と同様の趣旨です。

(2) 児童生徒の個々の目標，支援，配慮を記入する

　個別の指導計画における目標設定や支援を考える際に，単元計画の記述を転記したり，参考にしたりするために記入しています。作成上の留意事項として，児童生徒の個々の目標や支援等について，前年度中に旧担任が，次年度の前期分を記入することで，より実態に応じた目標や支援が記入できるようにしています。当然，新担任は必要に応じて，新学期以降に内容や支援等を加筆修正できるようにしています。

(3) 単元の評価欄を設けている

　本校の単元の評価欄は，教育課程の評価と連動した項目になっており，単元の主な内容，授業形態，授業時数について，評価，課題，改善策を記入し，更に目標に対する達成度をA～Dの4段階で記入する様式になっています。

　1つの単元が終わると，単元計画の評価を行い，単元ごとに繰り返し評価して，データを蓄積することで，各教科等への振り分けや単元の構成，項目，目標，授業時数について，反省点や課題を明確にし，次年度の教育課程を検討する際の重要なデータとなるようにPDCAサイクルを踏まえた様式となっています。

　また，単元の評価は，教育課程の評価だけでなく，次の単元づくりにも生かし，授業改善を進めていくこともできるようになっています。

単元計画

学部	中学部	学年	第2学年	教育課程	単一障害	指導形態	生活単元学習	単元時数	10
								年間授業時数	245

年間指導目標	生活上の課題処理や問題解決のための一連の目的活動を組織的に経験することによって、自立的な生活に必要な事柄を実際的・総合的に学習する。
使用教科書	A：国語☆☆☆☆，B：数学☆☆☆☆，C：音楽☆☆☆☆，D：ことばでひらく絵のせかいはじめてであう美術館，E：改訂新版体験を広げるこどもずかん9 からだとけんこう，F：いちばんわかりやすい小学生のための学習世界地図帳，G:ふしぎをためすかがく図鑑しぜんあそび，H：ひとりでできるもん！5 すてきなおかし作り，I：あかね書房の学習えほんえいごえほんぞうさんのピクニック

単元名	私たちの住む町（交通）	含まれる教科等	学習指導要領での位置づけ
		国語	1
単元目標	①簡単な買い物をして金銭の取り扱いに慣れる。 ②社会生活に必要ないろいろなきまりがあることを知り、それらを守る。 ⑤日常生活に関係の深い施設や公共物などの働きが分かり、利用する。 ⑧金銭や時計・暦などの使い方に慣れる。	社会	2, 3
		数学	1, 4
		理科	4
		音楽	2
		美術	
単元でつけたい力	・体験や経験を通して、新しい知識や技能を獲得する力 ・やってみたいこと、知りたいことにチャレンジする力 ・新しいことに興味・関心をもち、取り組む力	保健体育	1
		職業・家庭	9
		外国語	1
		道徳	
		特別活動	
単元の使用教科書	A, B, C, D, F, I	自立活動	

（吹き出し）①②③は昨年12月記入済
（吹き出し）新入生は④のみ記入済。また、現在、児童・生徒の在籍のない学年も、④のみ記入済。

時期	①主な内容	②授業形態	③時数	④具体的な指導内容
6	オリエンテーション 乗車体験 事後学習	学級 学級 学級	2 6 2	マナー・運賃・運行ルート 日程・準備物 乗車体験 振り返り
		・個別の目標に対する支援や配慮事項。 ・個別の指導計画の支援・配慮に生かす。		

	⑤児童・生徒氏名	⑥目標	⑦支援・配慮	⑧児童・生徒の変容
1	庄原 太郎	・マナー等を守り乗車することができる。 ・運賃の支払いができる。	・写真や具体物等の視覚支援を行う。 ・お金の模型等を使い、練習を繰り返し、見通しをもたせる。	・乗車する際に、挨拶をして乗ることができた。 ・財布から必要な金額を出すことは出来たが、時間は掛かったので、支援が必要である。
2				
3				
4				

（吹き出し）個別の目標。
・「～できる」という表現にする。
・上欄の「単元目標」「単元で付たい力」「内容」との関連を図った目標を記入。
・個別の指導計画の目標に生かす。

（吹き出し）在校生は今年3月、④⑤⑥⑦まで、記入済。
新入生は、④のみ記入済により、入学後、⑤⑥⑦を記入。

（吹き出し）⑥目標、⑦支援・配慮については、新入生・在校生ともに、新年度に新担任にて加筆。

この単元に対する「評価」「課題」「改善策」

項目	主な内容	授業形態	時数
	①に対して	②に対して	③に対して
評価	「適」または「不適」を記入　　不適	「適」または「不適」を記入　　適	「適」または「不適」を記入　　不適
課題	具体的な練習をしていなかったため、当日とまどった。	なし	乗車体験学習が多かった。
改善策	乗車体験の練習時間が必要である。	なし	乗車体験学習は6時間から4時間に減らし、乗車体験の練習時間を2時間設ける。

（吹き出し）課題がある場合、それぞれに対する代案を具体的に記入。

指導者として行ったこの単元の⑥、⑦、⑧に対する達成度の評価・コメント

目標に対する達成度（A,B,C,D）	B	シュミレーションを行い、活動の見通しを持たせることで効果的な指導が出来ると考える。

A：十分に達成できた　　B：ほぼ達成できた
C：あまり達成できなかった　D：全く達成できなかった

（吹き出し）単元が終了ごとにすべて記入。
用紙が2枚になってもよい。

図7　単元計画様式

平成 27 年度　使用教科用図書一覧

各教科	1年	2年	3年	4年
			小学部 単一	
生活	偕成社 みんなみんなみーつけた (3才〜小低)	偕成社 みんなみんなみーつけた (3才〜小低)	あかね書房 かばくんのいちにち (小低)	あかね書房 かばくんのいちにち (小低)
生活		文研出版 ジョイフルえほん傑作集 りんごがドスーン (3才〜小低)	金の星社 たのしいたまご料理 (小中〜)	金の星社 たのしいたまご料理 (小中〜)
生活				偕成社 はらぺこあおむし (3才〜小低)
国語	東書 こくご☆	東書 こくご☆	東書 こくご☆☆	東書 こくご☆☆
算数・数学	東書 さんすう☆	東書 さんすう☆	東書 さんすう☆☆ (1)(2)	東書 さんすう☆☆ (1)(2)
音楽	東書 おんがく☆	東書 おんがく☆	東書 おんがく☆☆	東書 おんがく☆☆
図画工作 美術	岩崎書店 あそびの絵本8 紙ねんどあそび (3才〜小低)	岩崎書店 あそびの絵本8 紙ねんどあそび (3才〜小低)	さえら 母と子の手づくり教室 毛糸と布のたのしい手づくり教室(4才〜小高)	さえら 母と子の手づくり教室 毛糸と布のたのしい手づくり教室(4才〜小高)
体育 保健体育				
社会				
理科				
職業・家庭				
外国語				

図8　使用教科用図書一覧（小学部・中学部　単一障害学級）

平成27年度 使用教科用図書一覧

小学部 単一		中学部 単一		
5年	6年	1年	2年	3年
戸田デザイン研究室 よみかた絵本 (小低～高学年)	戸田デザイン研究室 よみかた絵本 (小低～高学年)			
金の星社 うれしいごはんパン・めん料理 (小中～)	金の星社 うれしいごはんパン・めん料理 (小中～)			
エリックカール絵本 わたしだけのはらぺこあおむし (3才～小低)	エリックカール絵本 わたしだけのはらぺこあおむし (3才～小低)			
東書 こくご☆☆☆	東書 こくご☆☆☆	東書 国語☆☆☆	東書 国語☆☆☆	東書 国語☆☆☆
東書 さんすう☆☆☆	東書 さんすう☆☆☆	教出 数学☆☆☆	教出 数学☆☆☆	教出 数学☆☆☆
東書 おんがく☆☆☆	東書 おんがく☆☆☆	東書 音楽☆☆☆	東書 音楽☆☆☆	東書 音楽☆☆☆
さえら たのしい工作教室 ダンボールのたのしい工作教室(小低～小高)	さえら たのしい工作教室 ダンボールのたのしい工作教室(小低～小高)	フレーベル ことばでひらく絵のせかい はじめてであう美術館 (3才～大人)	フレーベル ことばでひらく絵のせかい はじめてであう美術館	フレーベル ことばでひらく絵のせかい はじめてであう美術館
偕成社 子どもの健康を考える絵本5 こんなときどうするの?(小初～)	偕成社 子どもの健康を考える絵本5 こんなときどうするの?(小初～)	ひかりのくに 改訂新版体験を広げるこどものずかん9 からだとけんこう(小高～)	ひかりのくに 改訂新版体験を広げるこどものずかん9 からだとけんこう	ひかりのくに 改訂新版体験を広げるこどものずかん9 からだとけんこう
		成美堂出版 いちばんわかりやすい小学生のための学習世界地図帳(小高～)	成美堂出版 いちばんわかりやすい小学生のための学習世界地図帳	成美堂出版 いちばんわかりやすい小学生のための学習世界地図帳
		フレーベル ふしぎをためすかがく図鑑 しぜんあそび (小低～小高)	フレーベル ふしぎをためすかがく図鑑 しぜんあそび	フレーベル ふしぎをためすかがく図鑑 しぜんあそび
		金の星社 ひとりでできるもん!5 すてきなおかし作り (小中～)	金の星社 ひとりでできるもん!5 すてきなおかし作り	金の星社 ひとりでできるもん!5 すてきなおかし作り
		あかね書房 あかね書房の学習えほん えいごえほんぞうさんのピクニック(5才～小低)	あかね書房 あかね書房の学習えほん えいごえほんぞうさんのピクニック	あかね書房 あかね書房の学習えほん えいごえほんぞうさんのピクニック

4 教育課程の評価

 本校では，教育課程を研究するために，教育課程検討会議を，校長の諮問機関として立ち上げています。教育課程検討会議は，管理職（校長，教頭，各学部部主事），各学部の教務主任と教育課程編成に向けて中心的に検討できるメンバーで構成しています。
本会議の役割は，以下の2点です。
　(1) 教育課程の現状を分析し，課題を解決する
本校では以前は，年間指導計画，単元計画，学習指導略案について，学習指導要領における指導すべき内容を網羅できていないことや，各教科等を合わせた指導の中で，各教科等の目標や内容が明確に含まれないまま，授業が展開されていること等の課題がありました。教育課程検討会議では，そのような教育課程上の課題に対して，メンバーが現状を分析し，課題を解決する方策を検討しています。
　(2) 単元の評価と教育課程編成に係る全教職員のアンケートを基に課題を解決する
　本校では，単元の評価の集約（図9）と，教育課程編成に係るアンケート（図10）を用いることで，教職員全員が，教育課程の改善に関わることができるシステムになっています。
　教育課程編成に係るアンケートでは，「育てたい子供像」の実現に向けて，児童生徒に力が付いてきているのかという視点で，目標に対する児童生徒の変容について，全教職員が記入しています。アンケートは，①単元計画の単元構成について（順序，内容など），②単元計画の各単元の時間配分について，③単元計画の様式について，④日課について，⑤目標の達成ができなかった単元について，⑥個々の単元について（要・不要なども含め），⑦その他自由記述の7つの観点で示しています。
　本アンケートは，些細な内容や率直な意見，課題に対しての積極的な改善策を記入できるように配慮しています。また，意見に対して，教育課程検討会議のメンバーが，質問等をする場合を想定して，記名式のアンケートとしています。
　以上のように，単元の評価と，教育課程編成に係るアンケートを基に，課題を解決するシステムになっていますが，教育課程を改善する際には，系統性を考慮することや，児童生徒にとって何が必要であるか留意しながら，検討を行っています。そして，検討されたことを基に，単元構成表等の教育課程の骨格となるものが作成されます。

小学部　第1学年　単一障害学級

月	第1学年	主な内容	授業形態	時数	(左は元の時数)
4	のびのびたんけんたい～学校のひみつ1	適	適	6	適
	わたしのからだ1（手洗い）4月	適	適	1	適
	入学をお祝いしよう	適	適	2	適
5	見て見てわたしの出番です1（運動会）	不適	適	18	不適
6	のびのびたんけんたい！学校のひみつ2	適	適	5	適
	わたしのからだ2（はみがき）6月	適	適	1	適
	まつりだ　わっしょい！	適	適	6	適
7	ともだちといっしょに1（平和学習）	適	適	4	適
8					
9	こんなときどうする？（防災学習）	適	適	4	適
	のびのびたんけんたい～町のひみつ（児童公園）	適	適	4	不適
10	公園へ行こう（秋の遠足）	適	適	2	不適
	ともだちといっしょに2	適	適	4	適
11	見て見てわたしの出番です2（にこにこ祭）	適	適	20	適
	わたしのからだ3（うがい）11月	適	適	1	適
12	にこにこパーティーをひらこう	適	適	11	適
1	ありがとうのきもちをこめて	適	適	6	適
	わたしのからだ4（かんぷまさつ）1月	適	適	1	不適
2	もうすぐ2年生（ふりかえりと6年生を送る会）	適	適	6	適
3					

図9　単元評価表

平成27年度用　教育課程検討会議

平成27年度教育課程編成に係るアンケート（後期）

（　　　）学部　第（　　　）学年　氏名（　　　　　　　　　　）

以下の項目について，アンケートを行います。次の点に留意して記入してください。

①平成26年度も，まもなく終わり，新年度も近づいてきています。実施してみて感じた課題，それに対する具体的な改善策の記入をお願いします。

②主たる教材である教科用図書を使用しての成果や課題を書いてください。（学校教育法第34条，第82条）

③課題に対する具体的な改善策を**必ず**記入してください。

	実施してみて感じた課題	具体的な改善策
○単元計画 単元構成について(順序，内容など)		
○単元計画 各単元の時数配分について		
○使用教科用図書についての課題 (小学部，中学部，高等部の系統的な配列について　等)		

	実施してみて感じた課題	具体的な改善策
○その他自由記述		

提出先　：　各学部教務主任
提出期限：　平成27年2月27日（金）

図10　教育課程編成に係るアンケート

5 まとめ

　本校では，学校経営計画における「育てたい子供像」の実現のために，学習指導略案と，単元計画を活用することで，全教職員が組織的・体系的に学習評価に取り組めるシステムになっており，日々の学習指導略案の評価の積み重ねが単元計画の評価につながり，単元計画の評価が教育課程の評価につながり，教育課程を評価することが，毎時間の授業の評価につながっています。また，それぞれの過程において，1時間の授業，1つの単元においてもPDCAサイクルが機能しています(図11)。

　今後は，より「育てたい子供像」及び学習指導要領に基づいた教育課程の編成について理解を浸透させることや，PDCAサイクルに則った授業改善と教育課程の評価，改善を継続して取り組み，「育てたい子供像」の実現に向けて，児童生徒の指導を深め進化させていくことを課題とし，組織的・体系的な学習評価を促す実践に取り組んでいきたいと思います。

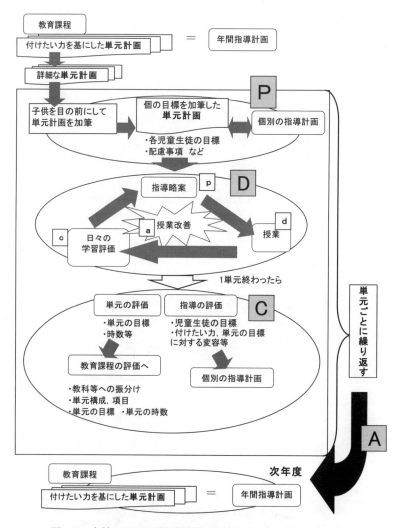

図11　本校における教育課程編成のPDCAサイクル

第2章　学校全体での研究による授業づくりの実践

1　学校経営計画と研究との関連

　本校では，平成23年度より，研究テーマを決めて，学校全体による組織的な研究に取り組んでいます。その研究は学校経営計画と関連があります。平成26年度のミッション，ビジョンを図1，2に示しています。

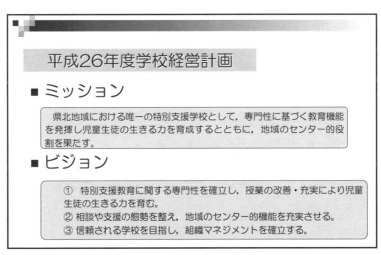

図1　学校経営計画のミッション，ビジョン

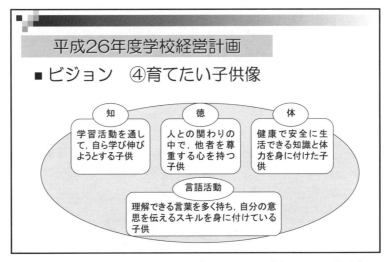

図2　学校経営計画におけるビジョンのうち「育てたい子供像」

また、学校経営目標は次のとおりです。（図3）

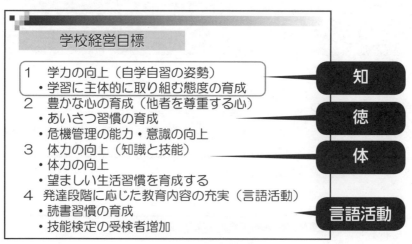

図3　学校経営目標

学校経営目標は「育てたい子供像」に合わせ、「知」、「徳」、「体」、「言語活動」の4点に応じた目標を立てています。本校の学校経営目標の特徴は、児童生徒の育ちについて目標を設定していることです。この中の「知」に当たる、「学習に主体的に取り組む態度の育成」の検証を学習指導略案を用いて行っています。学習指導略案を活用して学習評価を行い、その結果を前期、後期で比較し、目標の達成度が上がるかどうかを検証しています。毎時間の学習評価は学習指導略案様式（図9）の中の授業の評価欄に記入します。

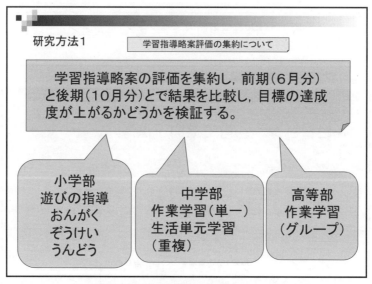

図4　学校経営目標の検証について

2 研究テーマと研究仮説，研究方法

研究テーマは「主体的活動を促す授業づくり」として，平成24年度より取り組んできました。(図5)

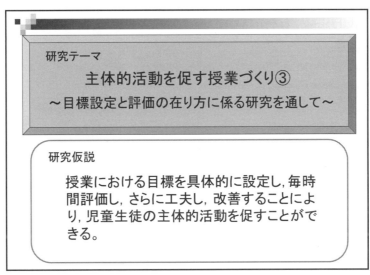

図5　研究テーマ及び研究仮説

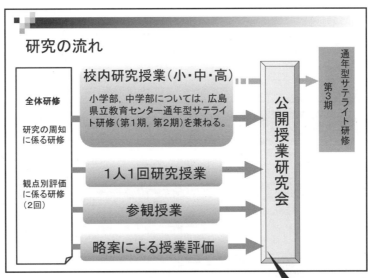

図6　平成26年度の研究方法及び研究の流れ

研究の方法は，各学部の校内研究授業，１人１回研究授業，参観授業，学習指導略案による授業評価があり，公開授業研究会でまとめの発表をしています。学習指導略案による学習評価は，学校経営目標の検証にも活用しますが，学校全体で取り組む研究における研究仮説の検証方法にもなっています。

学校経営目標の検証において述べたとおり，毎時間行っている学習指導略案の評価を一部の授業について集約し，前期と後期とで比較し，目標の達成度が上がるかどうかを検証します。

3　その他の研究方法について
○校内研究授業
　各学部より1つの研究授業を行います。授業はビデオで撮影しておき，全教職員で授業後の協議を行います。

○1人1回研究授業
　学習指導略案ではない指導案（第2部第2章にある様式）による研究授業を全教職員が1年に少なくとも1回は行います。

○参観授業
　研究授業のみならず，ふだんの授業をお互いに参観し合い，参観後，授業参観シート（図7）を記入し，感想や意見を授業者に返しています。特に，所属している学部のみならず，他学部の授業を見ることで，校内の授業について，お互いに知ることができるようにしています。授業参観シートは，内容，方法のそれぞれについて，よかった点，改善点を記入できるようにしています。また，研究テーマに係って，児童生徒が主体的に活動する姿についても記入できるようにしています。

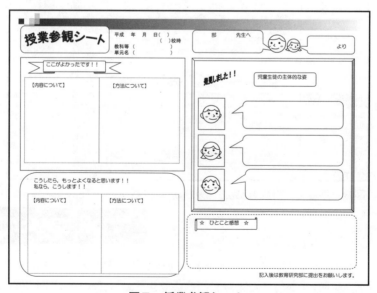

図7　授業参観シート

○公開授業研究会
　1年の研究のまとめとして行います。全学級公開授業（学習指導略案）と，各学部1つずつ研究授業を行います。研究授業については，参観者も交えて，ビデオを基に協議を行います。

　※本校における研究協議の方法
　本校では，参加者の意見をくまなく吸い上げ，全体のものにするため，3人1組によるグループ協議を取り入れています。また，協議の柱を立てておくことで，ポイントをしぼった意見，改善点が出され，授業者に還元したり，参加者がお互いに学んだりすることができるようにしています。

研究協議の方法

1　ビデオによる振り返り
　　（授業者からの振り返り）
2　協議の柱に沿った3人1組による協議

　協議の柱
　　○児童生徒が主体的に課題を達成していたか。
　　○目標設定は適切であったか。
　　○支援の手立ては適切であったか。

3　協議内容の発表及び全体協議
4　授業者から
5　指導助言者からの指導助言

研究協議における留意点

　授業者，司会者，指導助言者，教育研究部による事前の打ち合わせを行い，授業の中でポイントとなる場面をしぼっておく。

　3人1組で協議をする際に，紙とマジックを用意しておき，意見を紙に書き，前に貼ることで，意見を「見て分かる」ようにする。

　協議の柱を明示しておくことで，ポイントをしぼった協議ができるようにする。

4　学習指導略案について

　本校では，単元系統表や単元構成表により，小学部から高等部まで指導内容の系統性を考慮し，教育課程を編成していますが，それを毎時間の授業にも反映させるため，学習指導略案の様式を工夫しています（図9）。学習指導略案の様式は，学校全体で行う研究テーマをも鑑みて，毎年見直しを行い，改善を行っています。36ページの図9に示すのは，平成26年度の学習指導略案の様式です。また，第2部にも実際に記入した学習指導略案を紹介しています。

（1）平成26年度の学習指導略案の特徴
　ア　本時の目標
　本時の最も重要な場面（授業の山場）に焦点を当て，学習集団の目標を記入します。各教科等を合わせた指導の場合，特別支援学校（知的障害）の各教科の指導内容を，どのように合わせているかも記入します。また，各教科の場合は，その教科の中のどの内容であるかを示します。
　イ　個々の評価規準
　個々の児童生徒の評価規準を記入する欄を設けています。本時の目標と同様，合わせている教科を記入します。合わせている教科名については，本時の目標欄に記入した教科名と揃えるようにします。また，各教科の特別支援学校学習指導要領のどの段階に当たるのかも記入します。
　ウ　評価の観点（図8）
本校では，評価の観点を「関心・意欲・態度」，「思考・判断・表現」，「技能」，「知識・理解」の4点に定めています。学習指導略案では，それぞれの評価規準がどの観点に当たるか〇を付けます。1つの単元で，すべての観点を網羅できるよう，授業において指導と評価の一体化を図るよう計画を立てています。

　授業後の評価については，「目標の達成度」，「目標の妥当性」，「支援の有効性」の3点について，A～Dの4段階で評価します。児童生徒個々の評価については，「反省・気づき等」という欄に書くようにしています。また，本時の授業における「反省・気付き等」を基に，次時への改善点については，次の時間には，「前回からの改善点」の欄に記入します。

| 評価の観点について | 児童生徒が授業や単元を通して，次のようなことを身に付けたかどうかを評価するための観点 |

○**関心・意欲・態度**
　学習内容に関心をもち，自らの課題に取り組もうとする意欲や態度を身に付けたかどうか。

●**思考・判断・表現**
　児童生徒がそれぞれの教科の知識・技能を活用して課題を解決するために必要な「思考力・判断力・表現力」を身に付けたかどうか。

　　※表現は，基礎的・基本的な知識・技能を活用しつつ，教科の内容に即して思考・判断したことを児童生徒が記録，要約，説明などの言語活動などを通して評価すること。

○**技能**
　各教科で習得すべき技能を身に付けたかどうか。

○**知識・理解**
　各教科において習得すべき知識を身に付け，重要な概念等を理解したかどうか。

図8　観点別評価

指導略案

日時・場所	平成〇〇年〇月〇日（〇）　〇校時 〇時〇分〜〇〇時〇分　場所（〇〇〇）		指導者 職氏名	T1：教諭　〇〇　〇〇 T2：教諭　〇〇　〇〇					
学部学年等	〇〇部〇年〇組（〇名）		授業形態	学級	教科等	〇〇〇			
単元・題材名	〇〇〇〇〇〇〇〇						第 〇/〇 時		
本時の目標 （学習集団）	・〇〇〇〇〇〇〇〇〇（教科名） ・〇〇〇〇〇〇〇〇（教科名） ※教科名を揃える。					☆評価	目標設定	〇手立て	
個々の評価規準	A	・〇〇〇〇〇〇〇〇〇（教科名〇段階〇） ・〇〇〇〇〇〇〇〇（教科名〇段階〇）							
	B	・〇〇〇〇〇〇〇〇（教科名〇段階〇） ・〇〇〇〇〇〇〇〇（教科名〇段階〇）							
	C	・〇〇〇〇〇〇（教科名〇段階〇） ・〇〇〇〇〇〇〇〇（教科名〇段階〇）						〇	〇
	D								
前回からの改善点						関	思	技	知

本時の目標：本時の一番重要な場面（授業の山場）に焦点を当てる。1つか2つに絞る。※合わせた指導は複数。

授業の評価：授業が終わったあと，A〜Dの4段階で評価する。

個々の評価規準：本時の目標（学習集団）に対して，児童生徒一人一人はどのような規準で評価するのか文章で記入する。

合わせている教科：それぞれの評価規準が特別支援学校（知的障害）の各教科のどの段階かを記入する。※単元計画を参考にする。

評価の観点：それぞれの評価規準がどの観点に当たるか〇をつける。2つの観点にまたがる場合もある。1つの単元（もしくは題材）で全部の観点を網羅するようにする。

☆評　価：A　達成できた，B　ほぼ達成できた，C　一部達成できた，D　達成できなかった
目標設定：A　目標は適当だった，B　目標が低すぎた，C　目標が高すぎた，D　目標が適当でなかった
〇支援の手立て：A　有効であった，B　ほぼ有効であった，C　一部有効だった，D　適切でなかった

過程	時間配分	学習活動	指導上の留意点
導入	〇分	1 2	〇 〇
展開	〇分		
			〇 〇
まとめ	〇分	4	

学習活動：児童生徒の学習活動を記入する。

指導上の留意点：〇支援のみ記入する。例：「〜するために△△する。」

評価の4観点
〇関心・意欲・態度
〇思考・判断・表現
〇技能
〇知識・理解

反省・気づき等（手立てを振り返り，次時への改善点を記入する。）

図9　平成26年度学習指導略案様式

5 学習指導案について

　本校では，学習指導案についても，学校全体の研究テーマに沿って，様式を定めています。平成26年度の様式の特徴は，毎時間の学習指導略案同様，観点別評価を導入し，単元または題材全体における指導と評価の計画欄を設けたことです。また，学習指導案を書く際には，児童生徒観，単元（題材）観，指導観，目標をつなげることを意識し，取り組んでいます。

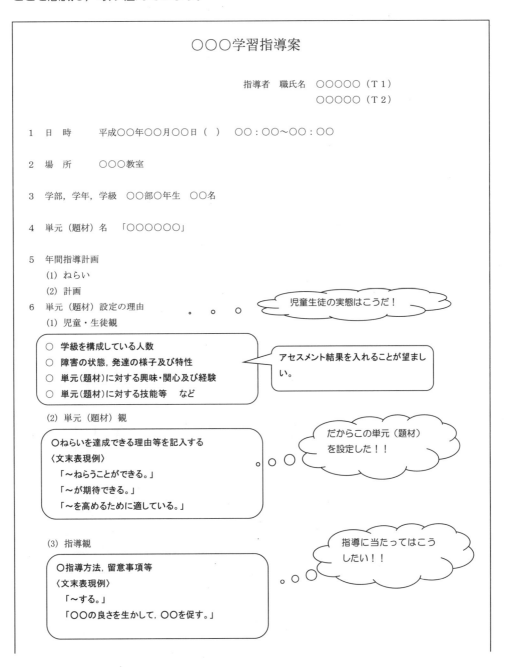

> 児童・生徒観と、題材観、指導観、目標がつながるように気を付ける！！
>
> 「児童生徒の実態はこうで、〇〇の力を育みたい（児童・生徒観／目標）」
> ↓
> 「だからこの単元（題材）を取り上げた（題材観／目標）」
> ↓
> 「指導に当たってはこのようにしたい（指導観）」

7 単元（題材）の目標

> 〇個別の指導計画 ＞ 単元の目標 ＞ 本時の目標 ＞ 個別の課題
> 〇全体の目標 ＞ 個々の目標

> 観察で評価できる具体的な目標にする。
> （具体的な動き、場面・条件など）

8 指導と評価の計画（全13時間）

次	時数	学習内容	評価規準	関	思	技	知	評価方法
1	6	・「ともだちでいようね」の歌に合わせてマリオネットで遊ぶ。 ・6年生のプレゼントを作る。 　1 文字シール 　2 毛糸 　3 絵の具染め	・音楽が終わるまで、マリオネットを動かして遊ぶことができる。（音楽1段階1）	〇	〇			行動観察
			・マリオネットを持ち、教員と友達の4人が同じ方向に回ることができる。（生活1段階3）		〇			行動観察
			・マリオネットの紐を持ったまま、動かしたり歩いたりし続けることができる。（体育1段階1）	〇		〇		行動観察
			・平仮名の氏名を正しい順番で並べることができる。（国語1段階2）				〇	行動観察
			・すべての穴に毛糸を通して、服を作ることができる。（図画工作1段階1）			〇		行動観察 作品
			・色を選択して、コーヒーフィルターを染めることができる。（算数1段階1）		〇			行動観察 発言

> 各学習内容について、どのように評価するのか、文章で記入する。

> それぞれの評価規準がどの観点に当たるのか〇をつける。2つの観点にまたがる場合もある。1つの単元（題材）ですべての観点を網羅するようにする。

|評価の観点について| 児童生徒が授業や単元を通して，次のようなことを身に付けたかどうかを評価するための観点

○関心・意欲・態度・・・学習内容に関心をもち，自らの課題に取り組もうとする意欲や態度を身に付けたかどうか。
○思考・判断・表現・・・児童生徒がそれぞれの教科の知識・技能を活用して課題を解決するために必要な「思考力・判断力・表現力」を身に付けたかどうか。

　　　　※　表現は，基礎的・基本的な知識・技能を活用しつつ，教科の内容に即して思考・判断したことを児童生徒が記録，要約，説明などの言語活動などを通して評価すること。

○技能・・・各教科で習得すべき技能を身に付けたかどうか。
○知識・理解・・・各教科において習得すべき知識を身に付け，重要な概念等を理解したかどうか。

9　本時の目標

【自立活動の視点】
どの授業においても自立活動の内容をふまえ，目標を立てる。

(1) 全体目標
　・
　・

(2) 個々の目標

	これまでの様子	目　　　　標
A		
B		
C		

今年度の研究テーマに係って，基本的に「自分から〇〇する」「主体的に〇〇する」などの文言を付ける。個人の目標，課題についても同様。

10　準備物

11 学習過程

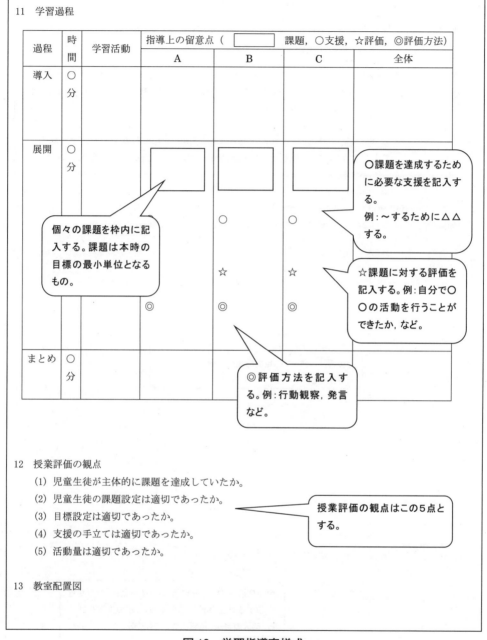

12 授業評価の観点
　(1) 児童生徒が主体的に課題を達成していたか。
　(2) 児童生徒の課題設定は適切であったか。
　(3) 目標設定は適切であったか。
　(4) 支援の手立ては適切であったか。
　(5) 活動量は適切であったか。

13 教室配置図

図10　学習指導案様式

6 実際の授業づくり

平成26年度の取組の大きな特徴は，観点別評価の導入です。実際にどのように授業づくりをすすめているのか，ご紹介します。

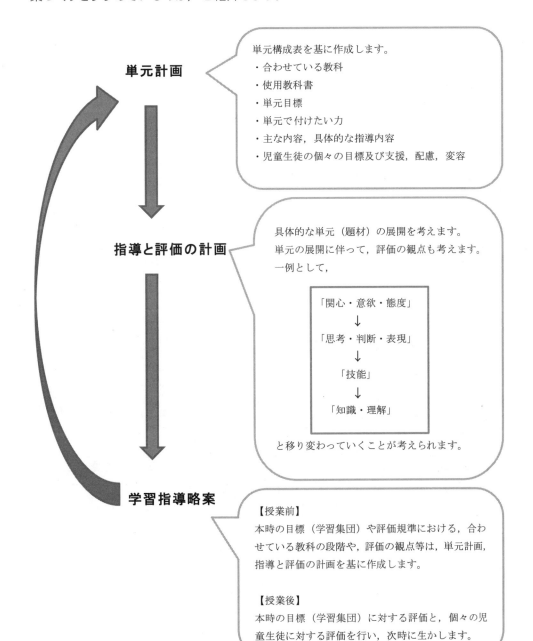

図11 授業づくりの流れ

実際に単元計画，指導と評価の計画，学習指導略案がどのようにつながっているのかを図 12, 13, 14 に示します。

学部	高等部	学年	第3学年	教育課程	単一障害（類型Ⅰ）	指導形態	数学	単元時数	4
								年間授業時数	35

年間指導目標	生活に必要な数量や図形などに関する理解を深め，それらを活用する能力と態度を育てる。
使用教科書	C：くらしに役立つ数学特支　中・高

単元名	平均	含まれる教科等	学習指導要領での位置付け
		数学	2段階（1, 2, 3, 4）
単元目標	①数量の処理や計算を工夫して行ったり様々な場面で活用する。		
単元で付けたい力	獲得した知識，技能等を活用する力 筋道を立てて考え，判断し表現する力 就労や社会参加に必要な力		
単元の使用教科書	C		

時期	主な内容	授業形態	時数	具体的な指導内容
2〜3	平均（教科書p48）	学級	4	・平均値を求める計算方法を知る。 ・平均値を求める計算問題に取り組む。 ・これまで学習したことを活用し，身近な生活に関する平均値を求める。

	児童・生徒氏名	目標	支援・配慮	児童・生徒の変容
1	A	平均値を求める計算問題を9割の正解率で回答することができる。	計算方法を指導者が丁寧に説明し，練習問題に繰り返し取り組ませる。	1人で計算問題に取り組み，計算問題を9割の正解率で回答することができた。
2	B	時に他者の協力を得ながら，平均値を求める計算問題を7割の正解率で回答することができる。	計算方法を指導者が実際にやって見せ，練習問題に繰り返し取り組ませる。つまずきが見られた場合，他者に協力を求めるように促す。	ときに友達の協力を得ながら，計算問題に取り組み，計算問題を8割の正解率で回答することができた。

項目	主な内容	授業形態	時数
評　価	適	適	適
課　題	なし	なし	なし
改善策	なし	なし	なし

目標に対する達成度(A,B,C,D)	A　すべての生徒が目標達成をすることができた。小数点を含んだ割り算に苦戦する生徒も見られたが，継続して計算することで改善された。

図12　単元計画（例）

42ページの単元計画を基に，具体的な学習内容，評価規準，評価の観点，評価方法を考え，計画します。

教科等：数学
単元名：平均

指導と評価の計画（全4時間）

次	時数	学習内容	評価規準	関	思	技	知	評価方法
1	1	○平均値を求める計算方法を知る。	○指導者の説明や教科書,プリントを基に意欲的に学習し,平均値を求める計算方法を理解することができる。（数学2段階2）	○			○	・練習問題に対する回答 ・発言内容 ・行動観察
2	2	○平均値を求める計算問題に取り組む。	○平均値を求める問題に取り組み,6割から9割の正解率で回答することができる。（数学2段階1）			○	○	・計算問題に対する回答 ・発言内容 ・行動観察
3	1	○これまで学習したことを活用し,身近な生活に関する平均値を求める。	○身近な生活に関する平均値を計算し,7割から9割の正解率で回答することができる。（数学2段階1）		○		○	・計算問題に対する回答 ・発言内容 ・行動観察

意欲的に学習に取り組み，平均値の求め方（知識）を理解することができたか評価する

⇒ 1次で身に付けた知識（平均値の求め方）を基に思考・判断しながら計算問題に取り組み，平均値の求める計算技能を身に付けることができたか評価する

⇒ 1・2次で身に付けた知識・技能（平均値の求め方）を活用（思考・判断）し，生活に関連した平均値を求める力（応用力）が知識として身に付いたか評価する

図13　1単元分の指導と評価の計画（例）

そして，毎時間の授業では，授業前に学習指導略案を作成します。学習集団に対する本時の目標を設定し，児童生徒一人一人の評価規準と評価の観点も定めます。授業は，評価欄を記入し，反省・気付きも記入し，次の時間に生かしていきます。

指導略案

日時・場所	平成○年○月○日（○）○校時（○：○～○：○）【場所：3年○組教室】	指導者職氏名	T1：教諭　○○　○○						
学部学年等	高等部第3学年○組	授業形態	学級	教科等	数学				
単元・題材名	平均				第 1／4 時				
本時の目標（学習集団）	・身近な生活に関する平均値を計算し，正確に回答することができる。(数学)			☆評価	A	目標設定	A	○手立て	A
個々の評価規準	A	・身近な生活に関する平均値を計算し，9割の正解率で回答することができる。（数学2段階1)				○		○	
	E	・ときに他者に協力を求めながら，身近な生活に関する平均値を計算し，7割の正解率で回答することができる。（数学2段階1)				○		○	
前回からの改善点	・これまでに学習したことを活用して，身近な生活に関する平均値を求める活動に取り組む。			関	思	技	知		

具体目標に対し，授業後「評価」の欄に記入し，目標設定の評価の欄にも記入する。
☆評価：A　達成できた，B　ほぼ達成できた，C　一部達成できた，D　達成できなかった
目標設定：A　目標は適当だった，B　目標が低すぎた，C　目標が高すぎた，D　目標が適切でなかった
○支援の手立て：A　有効であった，B　ほぼ有効であった，C　一部有効だった，D　適切でなかった

過程	時間配分		学習活動	指導上の留意点
導入	1分	1	はじめのあいさつをする。	○チャイム後，日直が号令をかけるのを待つ。号令をかける様子が見られない場合，「チャイムがなりましたよ。」等と促す。
	10分	2	前回の振り返りと本時の学習内容及び目標を知る。	○言葉のみではなく，文字やイラスト等を含めて行う。
展開	30分	3	身近な生活に関する平均値を求める問題に取り組む。	○計算問題プリントを準備し，提示する。
まとめ	5分	4	本時の振り返りをする。	○具体的な場面を示して，目標に対しての評価を伝える。
	3分	5	次回の学習予定を知る。	○言葉のみではなく，文字やイラスト等を含めて行う。
	1分	6	おわりのあいさつをする。	○「これで終わります。」等と伝え，日直が号令をかけるのを待つ。号令をかける様子が見られない場合，「これで終わります。」等ともう一度促す。

反省・気付き等（手立てを振り返り，次時への改善点を記入する。）
・身近な生活に関する平均値を求める活動に取り組み，すべての生徒で目標を達成することができた。
・次時は，新単元に取り組む。

図14－1　1単元分の学習指導略案（例）1/4時

2時間目からは，前回からの改善点を記入します。

指導略案

日時・場所	平成○年○月○日（○）○校時（○：○～○：○）【場所：3年○組教室】		指導者 職氏名	T1：教諭　○○　○○						
学部学年等	高等部第3学年○組		授業形態	学級		教科等	数学			
単元・題材名	平均						第 2／4 時			
本時の目標（学習集団）	・平均値を求める問題に取り組み，正確に回答することができる。（数学）				☆評価	B	目標設定	A	○手立て	B
個々の評価規準	A	・平均値を求める問題に取り組み，8割の正解率で回答することができる。（数学2段階1）						○		
	E	・ときに他者に協力を求めながら，平均値を求める問題に取り組み，6割の正解率で回答することができる。（数学2段階1）						○		
前回からの改善点	・前時に学習したことを活用し，平均値を求める問題に取り組む。				関		思		技	知

具体目標に対し，授業後「評価」の欄に記入し，目標設定の評価の欄にも記入する。
☆評価：A　達成できた，B　ほぼ達成できた，C　一部達成できた，D　達成できなかった
目標設定：A　目標は適当だった，B　目標が低すぎた，C　目標が高すぎた，D　目標が適切でなかった
○支援の手立て：A　有効であった，B　ほぼ有効であった，C　一部有効だった，D　適切でなかった

過程	時間配分	学習活動	指導上の留意点
導入	1分	1　はじめのあいさつをする。	○チャイム後，日直が号令をかけるのを待つ。号令をかける様子が見られない場合，「チャイムがなりましたよ。」等と促す。
	10分	2　前回の振り返りと本時の学習内容及び目標を知る。	○言葉のみではなく，文字やイラスト等を含めて行う。
展開	30分	3　平均値を求める問題に取り組む。	○計算問題プリントを準備し，提示する。
まとめ	5分	4　本時の振り返りをする。	○具体的な場面を示して，目標に対しての評価を伝える。
	3分	5　次回の学習予定を知る。	○言葉のみではなく，文字やイラスト等を含めて行う。
	1分	6　おわりのあいさつをする。	○「これで終わります。」等と伝え，日直が号令をかけるのを待つ。号令をかける様子が見られない場合，「これで終わり　ます。」等ともう一度促す。

反省・気付き等（手立てを振り返り，次時への改善点を記入する。）
・平均値を求める問題を解く活動を中心に取り組み，少数点を含んだ割り算に苦戦していた生徒が多くいた。
・次時も継続して，計算問題に取り組み，問題の難易度を上げる。

図14－2　1単元分の学習指導略案（例）2/4時

3時間目以降も同様に繰り返していきます。このように学習指導略案様式に従って記入することで、毎時間の授業のPDCAサイクルが回っていき、授業改善も行うことができます。

指導略案

日時・場所	平成○年○月○日（○）○校時（○：○～○：○）【場所：3年○組教室】	指導者職氏名	T1：教諭 ○○ ○○					
学部学年等	高等部第3学年○組	授業形態	学級	教科等	数学			
単元・題材名	平均				第 3/4 時			
本時の目標（学習集団）	・平均値を求める問題に取り組み、正確に回答することができる。（数学）	☆評価	B	目標設定	A	手立て	A	
個々の評価規準	A	・平均値を求める問題に取り組み、9割の正解率で回答することができる。（数学2段階1）					○	
	E	・ときに他者に協力を求めながら、平均値を求める問題に取り組み、7割の正解率で回答することができる。（数学2段階1）					○	
前回からの改善点	・前時より問題の難易度を上げた計算問題に取り組む。	関	思	技	知			

具体目標に対し、授業後「評価」の欄に記入し、目標設定の評価の欄にも記入する。
☆評価：A 達成できた、B ほぼ達成できた、C 一部達成できた、D 達成できなかった
目標設定：A 目標は適当だった、B 目標が低すぎた、C 目標が高すぎた、D 目標が適切でなかった
○支援の手立て：A 有効であった、B ほぼ有効であった、C 一部有効だった、D 適切でなかった

過程	時間配分		学習活動	指導上の留意点
導入	1分	1	はじめのあいさつをする。	○チャイム後、日直が号令をかけるのを待つ。号令をかける様子が見られない場合、「チャイムがなりましたよ。」等と促す。
	10分	2	前回の振り返りと本時の学習内容及び目標を知る。	○言葉のみではなく、文字やイラスト等を含めて行う。
展開	30分	3	平均値を求める問題に取り組む。	○計算問題プリントを準備し、提示する。
まとめ	5分	4	本時の振り返りをする。	○具体的な場面を示して、目標に対しての評価を伝える。
	3分	5	次回の学習予定を知る。	○言葉のみではなく、文字やイラスト等を含めて行う。
	1分	6	おわりのあいさつをする。	○「これで終わります。」等と伝え、日直が号令をかけるのを待つ。号令をかける様子が見られない場合、「これで終わります。」等ともう一度促す。

反省・気付き等（手立てを振り返り、次時への改善点を記入する。）
・平均値を求める問題を解く活動に取り組み、9割の生徒で前時より正解率が向上した。少数点を含んだ割り算に苦戦していた生徒も正解率が向上した。
・次時は、これまでに学習したことを活用して、身近な生活に関する平均値を求める活動に取り組む。

図14-3　1単元分の学習指導略案（例）3/4時

さらに，単元が終わったら，単元計画（42ページ図12）の評価欄を記入します。これで単元の評価と児童生徒の評価を積み重ねることができ，教育課程の評価，改善へとつながっていきます。

指導略案

日時・場所	平成○年○月○日（○）○校時（○：○～○：○）【場所：3年○組教室】		指導者職氏名	T1：教諭　○○　○○					
学部学年等	高等部第3学年○組		授業形態	学級		教科等	数学		
単元・題材名	平均					第4／4時			
本時の目標（学習集団）	・身近な生活に関する平均値を計算し，正確に回答することができる。（数学）				☆評価	A	目標設定	A	○手立て	A
個々の評価規準	A	・身近な生活に関する平均値を計算し，9割の正解率で回答することができる。（数学2段階1）					○		○
	E	・ときに他者に協力を求めながら，身近な生活に関する平均値を計算し，7割の正解率で回答することができる。（数学2段階1）					○		○
前回からの改善点	・これまでに学習したことを活用して，身近な生活に関する平均値を求める活動に取り組む。				関	思	技	知

具体目標に対し，授業後「評価」の欄に記入し，目標設定の評価の欄にも記入する。
☆評価：A　達成できた，B　ほぼ達成できた，C　一部達成できた，D　達成できなかった
目標設定：A　目標は適当だった，B　目標が低すぎた，C　目標が高すぎた，D　目標が適切でなかった
○支援の手立て：A　有効であった，B　ほぼ有効であった，C　一部有効だった，D　適切でなかった

過程	時間配分	学習活動	指導上の留意点
導入	1分	1　はじめのあいさつをする。	○チャイム後，日直が号令をかけるのを待つ。号令をかける様子が見られない場合，「チャイムがなりましたよ。」等と促す。
	10分	2　前回の振り返りと本時の学習内容及び目標を知る。	○言葉のみではなく，文字やイラスト等を含めて行う。
展開	30分	3　身近な生活に関する平均値を求める問題に取り組む。	○計算問題プリントを準備し，提示する。
まとめ	5分	4　本時の振り返りをする。	○具体的な場面を示して，目標に対しての評価を伝える。
	3分	5　次回の学習予定を知る。	○言葉のみではなく，文字やイラスト等を含めて行う。
	1分	6　おわりのあいさつをする。	○「これで終わります。」等と伝え，日直が号令をかけるのを待つ。号令をかける様子が見られない場合，「これで終わります。」等ともう一度促す。

反省・気付き等（手立てを振り返り，次時への改善点を記入する。）
・身近な生活に関する平均値を求める活動に取り組み，すべての生徒で目標を達成することができた。
・次時は，新単元に取り組む。

図14－4　1単元分の学習指導略案（例）4/4時

第2部 実践編

第1章
学習指導案から見る研究授業の工夫点

第2章
学習指導略案から見る毎時間の授業

第2部の解説　第2部では，第1部で紹介した学習指導案，学習指導略案を使って，実際に本校でどのような授業が展開されているのか紹介します。

　第1章では，研究授業での実践です。学習指導案の様式にある「指導と評価の計画」を基に授業を組み立てています。

　第2章は，学習指導略案による，日々の授業実践です。学習集団の目標と，個々の児童生徒の評価規準を設定し，取り組んでいる様子を紹介します。授業後の評価と，反省，気付きを記入しており，毎時間の授業のPDCAサイクルが回っている様子がうかがえると思います。また，本校には様々な実態の児童生徒が在籍しています。各学部の単一障害学級，重複障害学級それぞれの児童生徒の実態に応じた授業の工夫についても紹介します。

第1章　学習指導案から見る研究授業の工夫点

1　小学部（第1・2学年）・生活単元学習

1　日　時　　　平成26年12月17日（水）　第2校時　10：00〜10：45
2　場　所　　　小学部1・2年教室
3　学部，学年，学級　小学部　第1・2学年　単一障害学級　4名
　　　　　　　　　（第1学年2名，第2学年2名）
4　単元名　「にこにこパーティーをひらこう」
5　年間指導計画
（1）ねらい
　・生活に身近な活動を教員と一緒に楽しみながら経験することを通して，自分の好きなものを見つけることができる。
　・人と関わることを受け入れ，同じ場所で一緒に活動することができる。
（2）計画
　　　10月　　　　　公園へ行こう（秋の遠足）
　　　　　　　　　　ともだちといっしょに　2
　　　10月〜11月　　みてみて，わたしの出番です　2　（にこにこ祭）
　　　11月　　　　　わたしのからだ　3　（うがい）
　　　11月〜12月　　にこにこパーティーをひらこう
　　　1月〜2月　　　ありがとうのきもちをこめて
　　　2月　　　　　 わたしのからだ　4　（かんぷまさつ）
　　　3月　　　　　 もうすぐ2年生（ふりかえりと6年生を送る会にむけて）
　　　　　　　　　　　…第1学年
　　　　　　　　　　もうすぐ3年生（ふりかえりと6年生を送る会にむけて）
　　　　　　　　　　　…第2学年

6　単元設定の理由
（1）児童観
　本学級は，単一障害学級であり，第1学年2名，第2学年2名の計4名の児童が在籍している。
　第1学年のA児は，広汎性発達障害を伴う知的障害で，発達年齢は2歳0か月（KIDS乳幼児発達スケールTYPE：T　平成26年4月による）である。<u>言語表出は多いが，理解言語が少ないため，意味が分からず話していたり，指導者の言葉だけの指示が伝わっていなかったりすることがある。しかし，朝読書の絵本や授業の中に出てくる具体物や写真と言葉を確実に覚えていったことで，指導者</u>

> 言語に関する実態や目標，手立てについて述べている。
> （取組1）
> （取組2）
> （取組3）

とのやり取りが成立することが多くなった。

　第1学年のB児は，自閉症を伴う知的障害で，発達年齢は1歳4か月（KIDS乳幼児発達スケールTYPE：T　平成26年4月による）である。表出言語は少ないが，音声模倣をしたり，自分の好きな曲や授業で指導者が歌っている曲を覚えて1人で歌ったりすることができる。理解言語も少ないが，「ください」，「手伝って」などの生活の中でよく使う言葉は定着し，必要に応じて言えるようになった。

　第2学年のC児は，自閉症を伴う知的障害で，発達年齢は2歳0か月（KIDS乳幼児発達スケールTYPE：T　平成26年4月による）である。朝読書の絵本や授業の中での経験や教材を中心に理解言語は増え，適切な場面で表出したり，指導者の説明を聞き取って動いたりすることができるようになっているが，クラスの人数が増え，周りの児童がよくしゃべるため，話さなくても済む場面が多く，表出言語は以前に比べると少なくなっている。

　第2学年のD児は，自閉症を伴う知的障害で，発達年齢は1歳10か月（KIDS乳幼児発達スケールTYPE：T　平成26年4月による）である。昨年度の経験や見通しをもつ方法を覚えてきたことで不安感が減り，新しいことに自分から挑戦する姿が見られている。視覚的な情報と単語を結びつけることが得意なため，朝読書や授業の経験を重ねるごとに理解言語が増えてきている。早口で発音が不明瞭なため聞き取りにくいが，自信のある単語を表出することは多くなっている。

> 友達との関わりに関する実態や目標，手立てについて述べている。
> （取組4）

　4月から4名で授業をするようになり，最初は自分のやりたいことを1人ですることが多かったが，最近では，友達がやっている姿に憧れて模倣しようとしてみたり，1人が盛り上がってくるとその他の児童も楽しい雰囲気に巻き込まれ，つられて一緒に盛り上って遊んだりする姿が見られるなどの子供同士で影響し合う姿も見られつつある。一方で，人がやっていることがやりたくて物の取り合いになったり，自分の遊びを邪魔されたことに腹を立て叩いてしまったり，やりたいけど伝えられなくて泣いたりするなどのトラブルも増えてきた。そのため，どの授業でも音楽を手掛かりにしてペアで交代することや物理的な環境を作って順番を守って遊ぶこと，同じ場所で見て分かる簡単なルールを守って遊ぶことなどを繰り返し取り組んできている。

> 係の仕事に関する実態と目標，手立てについて述べている。
> （取組5）

　そこで本時は，今まで経験してきたことを土台にして，

授業で覚えた言葉を表出する力，順番を守って遊ぶ力，自分の係の仕事をやり遂げる力を身に付けてもらいたいと思っている。

(2) 単元観

本単元では，プレゼントをテーマにして，手作り絵本を読む活動，クリスマスツリーを飾る活動，ブランコボウリングを設定している。

手作り絵本を読む活動は，本単元で覚えてほしい言葉の定着を図るために設定している。展開は朝読書で読んでいる絵本の文体に似たものにすることで，新しい言葉を習得しやすいと考えている。

クリスマスツリーを飾る活動では，指導者が持っている飾りを児童が1つずつ取りに来て，毎回児童と言葉のやりとりを行う。「プレゼントの中にあるの何？」と絵本と同じ言葉で児童に問いかけて答えさせることで，児童が覚えた言葉を表出させる機会を何度もねらえる。

ブランコボウリングは，ロープブランコに乗り，目の前の段ボールの壁を足で倒してプレゼントを手に入れ，プレゼントの中にあるサンタクロースグッズを指導者に着せていくという遊びである。ロープブランコは，児童全員が好きな遊びであり，やりたい活動であると考える。そのため，順番を守って遊ぶというルールが定着しやすい。また，段ボールを積み重ねたり，指導者にサンタグッズを着せたり，順番を示したりするなどの児童にできる係活動を設定しやすいため，係の仕事をやり遂げることをねらいやすい。

(3) 指導観

指導に当たっては，授業で覚えた言葉を表出する力，順番を守って遊ぶ力，自分の係の仕事をやり遂げる力をつけるために，以下のように留意する。

授業で覚えた言葉を表出することができるように，手作り絵本を使用することで学んでほしい言葉を含んだ仕掛け絵本を毎時間読むようにしている。この絵本の読み聞かせは，徐々に指導者が読む部分を減らして，手マイクで児童の発語を促し，児童が読む部分を増やしながら，言葉の習得を図るようにしていく。また，絵本に出てくるイラストとクリスマスツリーの飾りを同じにしたり，絵本に出てくるイラストの実物や児童が作った作品を教室内に掲示し目に触れるようにしたりすることで言語化する機会を作っていく。さらに，読み聞かせと同じ絵本を各自に用意し，自分の絵本を作る活動もしていく。毎時間の授業の振返りの時に1ページずつ1つの言葉について作成し，そのページに出てくる言葉は指導者と児童が1対1で丁寧に確認するようにしていく。絵本の完成する日が，にこにこパーティーの日とすることで児童の期待感も引き出したい。

順番を守って遊ぶことができるように，めくり式にした児童の顔写真カードを用意し，1回終わるごとにめくって次の人が視覚的に分かるようにしていく。写真カードの残りの枚数で終わりの見通しをもつことができるようにもしていく。

自分の係の仕事をやり遂げることができるように，係の分担表を用意することで，自分の係をいつでも確認できるようにする。また，係をする場所に自分の椅

子を運んだり，必要な道具を持っていったりするなどの準備も児童がすることで，係を意識して行うことができるようにしていく。係は，ブロックが好きなB児とC児に段ボールを積み重ねる係，服やクリスマスに興味があるA児に着せ替え係，見通しをもつことで安心することができるD児に順番係をさせる。児童の興味や得意なことを活かした係を設定することで，主体的に係の仕事を最後までやり遂げることができるようにする。

7 単元の目標

（1）指導者と一緒に集団活動に参加することができる。
（2）指導者と一緒に簡単な手伝いや仕事をすることができる。
（3）指導者などの話し掛けに応じ，表情，身振り，音声や簡単な言葉で表現することができる。
（4）具体物があることが分かり，見分けたり，分類したりすることができる。
（5）身近にあるものの大小や多少などに関心をもつことができる。

8 指導と評価の計画（全15時間）

次	時数	学習内容	評価規準	関	思	技	知	評価方法
1	2	・音楽が流れている中で，サンタクロースの袋を工夫しながら使って，体を動かすことができる。	・音楽が流れている中でサンタの袋を使って，乗ったり，回したり，持って走ったりするなど自分の好きな動きを自分からすることができる。（音楽1段階1）	○				行動観察
			・とんがりぼうしやサンタの袋を飾ることができる。（図画工作1段階1）			○		行動観察 作品
		・絵本を読んでもらったり，自分で作ったりすることができる。	・絵本に出てくる冬やクリスマスに関する単語を新しく覚えることができる。（国語1段階2）				○	発言
			・絵本の次のページを期待して，ページをめくったり，繰り返しの言葉を言ったりすることができる。（国語1段階3）		○		○	行動観察 発言
2	13	・クリスマスツリーを飾るゲームをする。	・指導者と簡単な言葉のやり取りをすることができる。（国語1段階2）		○			発言
			・クリスマスツリーにあるマジックテープと自分のもらった飾りの1対1対応をすることができる。（算数1段階1）		○			行動観察
		・ブランコボウリングをする。（本時）	・順番カードを手掛かりにし，順番を守ってロープブランコに乗ることができる。（生活1段階5）		○			行動観察
			・自分の係のやり方を理解し，主体的に行うことができる。（生活1段階6）	○	○			行動観察
			・目的の場所に向かって足を伸ばして，ブロックを倒すことができる。（体育1段階1）			○		行動観察
			・ロープを両手で持って自分で体を支えながら，ブランコに乗ることができる。（体育1段階2）			○		行動観察
		・追いかけっこをする。	・教師や友達と一緒に同じ場所で遊ぶ。（生活1段階3）	○				行動観察
			・やりたい気持ちを言葉で表現することができる。（国語1段階2）		○			発言
			・簡単な合図や指示に従って，楽しく運動をすることができる。（体育1段階3）		○			行動観察

9 本時の目標（本時14／15）

(1) 全体目標
・絵本に出てくる冬やクリスマスに関する語いを増やすことができる。
・自分の係の仕事を理解して，主体的にやり遂げることができる。

(2) 個々の目標

	これまでの様子	目　標
A	・絵本の中に出てくる食べ物や帽子などの一般的な物の名前は知っているが，リースやトナカイなどクリスマス特有の言葉を知らなかった。しかし，繰り返し読んでいく中で，徐々に覚えてきている。また，友達が読んでいるときには，注意がそれやすいため，できるだけ発表する機会を多くすることで絵本に注目するように促す必要がある。 ・プレゼントの中からばらばらにサンタクロースの衣装が出てきても，どの部分なのかを把握しており，指導者と言葉でやり取りしながら着せていくことを楽しんでいる。サンタクロースの衣装への興味が強く，係の仕事とその他の活動の切り替えが難しいことが多い。	・絵本に出てくるイラストに注目し，タイミングよく言うことができる。 ・プレゼントの中から出てきたサンタクロースの衣装を指導者に渡すことができる。
B	・朝読書の経験で本をめくることや仕掛け部分をめくるタイミングは分かっており，積極的に進める様子が見られている。最初は，ほとんど意味は分かっていなかったが，帽子やケーキ，お肉などの言葉を覚えて言うことができるようになってきた。また，繰り返し出てくる言葉である「プレゼントの中に入っているの」の後に指導者が促すことで，「なに？」と言うことができつつある。 ・最初は段ボールとプレゼントの箱の違いを把握していなかったが，繰り返し行うことで，段ボールだけを選んで積み重ねるようになってきた。まだ，自分の係であることの意識ができていないため，指導者の促しを受けて行っている。	・絵本に繰り返し出てくる「なに？」や「だれ？」の言葉を自分から言うことができる。 ・自分から段ボールを積み上げることができる。
C	・絵本の中に出てくるケーキとお肉は最初から知っていたが，それ以外は音声模倣で促されると言っていた。毎回読む中で，実物とイラストが結びつくと自分で見比べながら言葉で言ったり，頭文字を指導者が言うと思い出して言ったりするようになった。 ・最初は段ボールの上に自分が登ろうとしていたが，土台となる段ボールを指導者があらかじめおいておくことで，積み重ねることができるようになってきた。まだ，B児と一緒に段ボールを積んでいる意識がなく，思いつきで重ねているので，指導者が重ねる場所を指さしで指示している。	・絵本に出てくるイラストを4個以上覚えて，指導者の手マイクを手掛かりに言うことができる。 ・B児と場所を共有して段ボールを積み上げることができる。
D	・繰り返しで展開される絵本は，順番を覚えて1人で読むことができる。最初から，絵本に出てくる食べ物の名前と衣服の名前は知っていたが，クリスマスならではの言葉は知らなかった。繰り返し読む中で，頭文字を指導者が言うとほとんど答えることができている。頭文字を言われなくても言える言葉も増えてきているが，促されるのを待っていることも多い。 ・順番を示した写真カードの使い方は理解しており，指導者が，「次はだれ？」と，尋ねると写真カードを確認して，友達の名前を言うことができている。しかし，写真カードをめくるタイミングは分かっていないようなので，指導者が促すことが多い。	・絵本に出てくるイラストを4個以上覚え，タイミングよく言うことができる。 ・順番を示した写真カードをめくったり，次の人の名前を読んだりすることができる。

10 準備物

　授業カード，児童椅子（4），児童机（4），サンタクロースの袋（5），とんがり帽子（5），指導者用絵本（1），児童用絵本（4），クリスマスツリー（2），クリスマスツリー用の飾りと箱，ロープブランコ，段ボール（8），プレゼント箱（8），順番カード，係の分担表，ＣＤ，ＣＤデッキ（2）

11 学習過程

過程	時間	学習活動	指導上の留意点（ ☐ 課題, ○支援, ☆評価, ◎評価方法）	
			A	B
導入	10分	1 始めのあいさつをする。	○授業カードを提示し，自分で授業名を言うことができる。	○授業カードを提示し，児童の指さしに合わせて指導者が読むようにする。
		2 サンタクロースの袋を持って遊ぶ。		
		3 本時の内容と目標を知る。		
		4 絵本を見たり，読んだりする。 (取組1)	絵本に出てくるイラストに注目し，タイミングよく言うことができる。	絵本に繰り返し出てくる「なに?」や「だれ?」の言葉を自分から言うことができる。
			○注意がそれそうになった時に，絵本を読むように促す。 ☆絵本に出てくるイラストに注目し，タイミングよく言うことができたか。 ◎発言	○ページをめくるたびに出てくる言葉を用意しておき，自分でページをめくることで，言葉を引き出すようにする。 ☆絵本に繰り返し出てくる「なに?」や「だれ?」の言葉を自分から言うことができたか。 ◎発言
展開	25分	5 クリスマスツリーを飾るゲームをする。 (取組2)	○絵本と同じ言葉で質問することで，飾りのイラストが何かを言葉で言う機会を作る。	○やることを忘れたり，注意がそれたりした時は，パペットで誘導したり，注目してほしい物を指さしたりする。
		6 ブランコボウリングをする。 (取組4) (取組5)	プレゼントの中から出てきたサンタクロースの衣装を指導者に渡すことができる。	自分から段ボールを積み上げることができる。
			○注意がそれることを防ぐため，待つ場所を明確にしておく。 ☆プレゼントの中から出てきたサンタクロースの衣装を指導者に渡すことができたか。 ◎行動観察	○自分からやり始めることができるように，できるだけ見守るようにする。 ☆自分から段ボールを積み上げることができたか。 ◎行動観察
まとめ	10分	7 サンタクロースにプレゼントをもらう。		
		8 振返りをする。 (取組3)	○楽しかったことや今日の授業で行ったことを質問しながら児童なりの言葉を引き出すようにする。	○一緒に絵本やツリーの飾りを見る中で，児童が本単元で覚えた言葉を引き出すようにする。
		9 終わりのあいさつをする。		

指導上の留意点（ □課題, ○支援, ☆評価, ◎評価方法）		
C	D	全体
○授業カードを提示し，児童の言葉を復唱するようにする。	○授業カードを提示し，児童の言葉を復唱するようにする。	○授業カードを提示し，号令を児童が行うことができるようにする。
		○児童がやってみようとした動きを指導者が模倣するなどして，児童と遊びを共有する。
		○本時の流れに見通しをもつことができるように，実物を提示しながら説明する。 ○児童に分かる簡単な言葉で目標を伝える。
□絵本に出てくるイラストを4個以上覚えて，指導者の手マイクを手掛かりに言うことができる。	□絵本に出てくるイラストを4個以上覚え，タイミングよく言うことができる。	○この時期に触れることが多い単語を覚えることができるように，繰り返しの内容の仕掛け絵本を用意する。
○児童に言ってほしい言葉が出てくるページで，指導者が手マイクで促す。 ☆絵本に出てくるイラストを4個以上覚えて，指導者の手マイクを手掛かりに言うことができたか。 ◎発言	○タイミングを捉えることができるように，繰り返しの内容の絵本を毎時間読むことで見通しをもつことができるようにする。 ☆絵本に出てくるイラストを4個以上覚え，タイミングよく言うことができたか。 ◎発言	○できるだけ指導者は復唱のみで読むようにし，児童の言葉を待つようにする。
○ツリーとプレゼント以外に注意がそれた場合は，名前を呼んだり，パペットで誘導したりする。	○ゲームの終わりに見通しをもつことができるように，箱の中の飾りの残りが見えるようにしておく。	○絵本に出てくるイラストと同じ飾りを用意することで，覚えてほしい言葉に触れる機会を多くする。
□B児と場所を共有して段ボールを積み上げることができる。	□順番を示した写真カードをめくったり，次の人の名前を読んだりすることができる。	○自分の係を意識することができるように，係分担表を確認する時間を設け，自分で係の準備をするようにする。 ○自分で係の準備ができるように，椅子を持っていく位置に印をつけるなどして明確にしておく。
○一緒に段ボールを積み重ねていくことができるように，土台の段ボールだけは指導者が置いておく。 ☆B児と場所を共有して段ボールを積み上げることができたか。 ◎行動観察	○次の人の名前を呼ぶことができるように，順番を示しためくり式の写真カードを用意する。 ☆順番を示した写真カードをめくったり，次の人の名前を読んだりすることができたか。 ◎行動観察	○順番を守ってブランコボウリングをすることができるように，順番カードを提示し，毎回確認するように促す。
		○前時までに作ってきた絵本を包装し，プレゼントにすることで，児童が開けた時に，興味をもったり，喜んだりすることができるようにする。
○一緒に絵本やツリーの飾りを見る中で，児童が本単元で覚えた言葉を引き出すようにする。	○一緒に絵本やツリーの飾りを見る中で，児童が本単元で覚えた言葉を引き出すようにする。	○指導者がサンタクロースのままで振り返りをすることで，にこにこパーティーの雰囲気を壊さないようにする。

12 授業評価の観点
（1）児童生徒が主体的に課題を達成していたか。
（2）児童生徒の課題設定は適切であったか。
（3）目標設定は適切であったか。
（4）支援の手立ては適切であったか。
（5）活動量は適切であったか。

13 教室配置図マット

(導入)
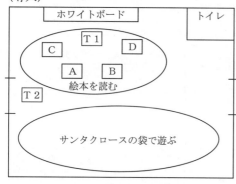

(クリスマスツリーを飾るゲーム)
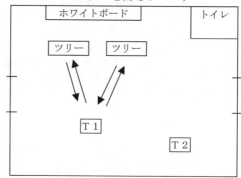

(ブランコボウリング)
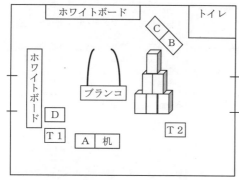

「授業で覚えた言葉を表出する力を育てるために」

(取組1) 絵本の読み聞かせ

① 絵本の工夫
・単語を覚えることができるように，一問一答で同じ言葉が繰り返される絵本になっている。
・この授業や季節に覚えてほしい単語が出てくる絵本になっている。
・絵本に注目できるように，仕掛け絵本になっている。
・手作りの絵本にしている。

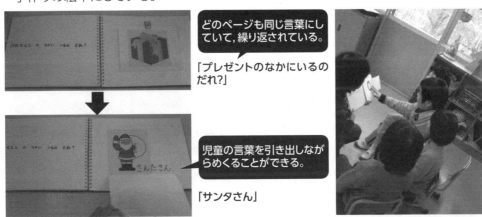

どのページも同じ言葉にしていて，繰り返されている。
「プレゼントのなかにいるのだれ?」

児童の言葉を引き出しながらめくることができる。
「サンタさん」

② 指導の工夫
・それぞれの実態によって覚えてほしい言葉が違うので，手マイクで言う人を指定する。
・児童に読み聞かせで読んでいる絵本と同じ絵本を毎時間1ページずつ作らせるようにし，絵本が完成する日をにこにこパーティー当日にすることで，児童に期待感をもたせる。
・教室にリース等の実物や児童の作品を掲示することで，絵本の中のイラストと実物と名称を一致させる。

「あそこにもリースある」と指さしたり，絵本と実物を見比べたりする様子が見られた

指導者が用意した実物だけでなく，この授業以外の授業で作った児童の作品を掲示している。

(取組2) クリスマスツリーをかざる

① クリスマスツリーの工夫
・絵本に出てくるイラストと同じ飾りを用意する。
・ゴムで吊るして動くクリスマスツリーにすることで，活動量を増やす。
② プレゼントボックスの工夫
・自分で手を入れて飾りを選ぶことができるようにする。
・終わりが明確になるように，箱の1面だけを透明にして中身が見えるようにする。
③ 指導の工夫
・絵本と同じように，「プレゼントの中にいるのだれ？」と問いかけ，児童が答える場面を設定しながら言葉でのやり取りをする。
・パペットを使ってやり取りすることで，児童が会話を楽しむことができるようにする。

透明になっている一面をのぞきこんで，空になったことを確認している。

児童の手が入る大きさの穴が開いていることで「プレゼントの中にあるのなに？」というやり取りをする必然性を作っている。

サンタクロースのパペットに向かって，話しかけている。

プレゼントボックスの中から飾りを1つ取り出し，何のイラストだったか教師に伝えている。

ゴムが動く面白さに気付いて，ツリーを持って飛び跳ねながら飾りを付けている。

(取組3) 授業の最後に振り返りをする

① 場所の工夫
・飾ったクリスマスツリーに電飾を付けて，パーティーの雰囲気作りをしている。
・絵本やクリスマスツリーの飾りがあることで，児童の知っている言葉がたくさん視界に入る空間にしている。
② 指導の工夫
・完成した自分の絵本を持ち寄るようにし，サンタクロースに扮した教師とやり取りしながら，覚えた言葉を確認する。
・パーティーの雰囲気を壊さないように，児童の習得した言葉を確認したり，活動の振返りをしたりする。

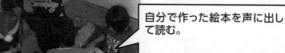

クリスマスツリーの飾りを指して教師と一緒に確認している。

自分で作った絵本を声に出して読む。

絵本を使って，教師と一緒にやり取りしながら言葉の確認をしている。

「順番を守って遊ぶ力を育てるために」

(取組4) ブランコボウリング

① 順番カードの工夫
- 児童の顔写真をカードにし，めくるようにすることで，誰の番であるかが分かるようにする。
- 1人何回できるかということを理解することが難しいため，行う回数分の写真カードを用意し，カードを全てめくり終わるまで行うようにしている。

② 指導の工夫
- ブランコボウリングの1回分が全員に分かるように，積み上げた段ボールが全て崩れるまでブランコに乗って良いこととし，全部が崩れたら音楽も止めるようにする。
- 自分の番ではない時の待ち時間があると，他のことに意識が向いてしまうので，一人一人に係を作り，ブランコボウリングのゲームから意識がそれないようにする。

「係の仕事をやり遂げる力をつけるために」

(取組5) ブランコボウリング

① 係の工夫
- 児童が好きなことを係にする。
- 児童と児童の関わりをもたせる係の設定にする。

	担当児童	係の内容	友達との関わり
着せ替え係	A児	プレゼントの中からサンタクロースの服を出し，教師に着せる。	B児が拾ったプレゼント受けとる。
段ボール係	B児	段ボールを積み重ね，一番上にプレゼントを置く。	ブロックを1か所で積み上げることで場所を共有する。
	C児		
順番係	D児	順番カードをめくり，次の人の名前を呼び，教師に音楽をお願いする。	次の人の名前を呼ぶ。

② 指導の工夫
- 係を意識することができるように，自分で係に必要な物と椅子の移動をする。
- 基本的な係は決めているが，児童が気付いて手伝ったり，代わりにしたりしたことは肯定的に評価する。

自分で係の準備をする。　着せ替え係　段ボール係　順番係

まとめ

★絵本の読み聞かせをしている時に，教室にある実物や作品を見比べたり，同じであることを教師に伝えたりするようになった。

★振返りの時に，絵本に出てくる食べ物を友達や教師に食べさせようとする姿やそれを受けて食べる真似をする姿が見られた。

★ブランコボウリングでは，サンタクロース役の教師がブランコを押していたが，サンタクロースのパペットを自分で手にはめて，サンタクロースになりきり，友達を押してあげる姿が見られるようになった。

★自分の当番と友達の係のやり方を理解したことで，友達が係を忘れていると代わりにやったり，教えたりする姿がどの児童にも見られた。

★冬休みに家庭へ絵本を持ち帰らせると，家で保護者に読み聞かせをしようとする姿が見られた。

第1章　学習指導案から見る研究授業の工夫点

2　小学部（第6学年）・遊びの指導（おはなし）

1　日　時　　　平成26年12月10日（水）　11：00～11：45
2　場　所　　　6年生単一クラス，プレイルーム
3　学部，学年，学級　小学部第6学年　単一障害学級　2名
4　題材名　「劇遊び2　瓜子姫とあまのじゃく」
5　年間指導計画
（1）ねらい
　・身近な人の話を聞いて，内容のあらましが分かる。
　・簡単な語句や短い文などを正しく読む。
（2）計画
　　　4月　　　　　　　お話を振り返ろう
　　　5月～10月　　　　劇遊び1（3枚のお札）
　　　10月～3月　　　　劇遊び2（瓜子姫とあまのじゃく）

6　題材設定の理由
（1）児童観
　本学級は単一障害学級で男児（A），女児（B）の2名で編制されている。A児，B児共に療育手帳Bである。
　A児は知的障害と自閉症を併せ有する児童であり，B児は知的障害を有する児童である。B児が8月末に本校に転入したことで，授業のなかで友達の活動を見て真似をする，決まった言葉のやり取りであれば自分から話しかけたり，相手の言葉かけに応じたりするなど友達同士の関わりが増えているが，自分から友達を遊びに誘ったり話しかけたりすることが少なく，休憩時間などは教員と遊ぶことが多いなど，友達との関わりにおいて課題が見られる。 ▸ 遊びにおけるクラスの課題（本題材では友達との関わり）を述べる。
　A児は指導者や友達などから促しの言葉かけをされると怒られていると感じ，相手の顔を見なくなることがあるが，見守ったり，「顔を見て話を聞こうね。」と言葉かけをしたりすることで，気持ちを切り替えることができつつある。体を動かすのが好きで，鬼ごっこやだるまさんが転んだなどのきまりのある遊びも積極的に活動することができる。勝ち負けのあるゲームでは友達の活動の様子を気にして落ち着きがなくなることがあるが，友達との協力が必要な遊びなどでは友達の提案に対して「いいね。」と言って友達 ▸ 友達との関わりにおける児童の実態や，友達との関わりを促すためにどのような手立てが必要であるかを述べ，題材観につなげる。

とのやりとりを楽しむことができる。劇の台詞などは紙芝居を読む中で，台詞を文字で書いたカードを用意し，繰り返し練習することで台詞を覚えて言うことができる。

　B児は初めての活動や見通しのもてない活動では，友達の様子を見て活動することが多いが，見通しがもてたり，活動に慣れたりすると，積極的に活動することができる。体を動かすのが好きで，かくれんぼなど自分の好きな遊びでは自分から友達に話しかけたり，同じ場所に隠れたりして友達と関わりながら遊ぶことができつつある。劇の台詞などは声が小さくなってしまうことがあるが，活動のなかに児童の好きな遊びを取り入れたり，繰り返し練習したりすることで，大きな声で台詞を言うことができる。

　遊びの指導（おはなし）では，4月からこれまで「おはなしを振り返ろう（かさじぞう）」，「劇遊び1（3枚のお札）」などの題材で，紙芝居や，クッション材を使っての感覚遊び，ボールなどの道具を使ってのゲーム，鬼ごっこなどの遊びを行ってきた。紙芝居の活動では，はじめは指導者が紙芝居を読むのを聞くだけであったが，登場人物の台詞が書かれた吹き出しを付け，吹き出しを指さすと台詞を言うことができるようになった。また，繰り返し練習することで指さしがなくとも前後の指導者の言葉から台詞を言うタイミングを自分で考えて言うことができるようになりつつある。かくれんぼでは，はじめは児童2名とも1人で隠れたり，指導者とのやりとりのみを楽しんだりする様子が見られたが，繰り返し活動していく中で友達が隠れるのを手伝うなど，友達とのやりとりも楽しんで活動する場面が増えつつある。

　本単元の中で，友達と簡単な言葉のやりとりをしたり，一緒に楽しく遊ぶ経験を重ねることを通して，友達に自分から話しかけたり，相手の言葉かけに対して自分なりの返答ができるようになったりするなど，友達と関わる力を付けさせたい。

> これまで本題材で行ってきた活動や，児童の成長などについて述べる。

> 単元を通して付けさせたい力や児童の具体的な姿について明記する。

(2) 単元観

　本題材「劇遊び2」では，知的障害者である児童生徒に対する教育を行う特別支援学校小学部の各教科の，「生活」,「国語」,「算数」,「音楽」,「図画工作」,「体育」から次の内容を取り扱う。

生活	3段階 (3) 友達とかかわりをもち，きまりを守って仲良く遊ぶ。 (4) 身近な人と自分とのかかわりが分かり，簡単な応対などをする。
国語	3段階 (1) 身近な人の話を聞いて，内容のあらましが分かる。 3段階 (3) 簡単な語句や短い文などを正しく読む。
算数	3段階 (2) 身近にあるものの重さや広さなどが分かり，比較する。
音楽	3段階 (2) 音楽に合わせて簡単な身体表現をする。
図画工作	3段階 (1) 見たこと，感じたことや想像したことを，工夫して絵にかいたり，つくったり，それを飾ったり，使ったりする。
体育	3段階 (1) 歩く，走る，跳ぶなどの基本的な運動を姿勢や動きを変えるなどしていろいろな方法で行う。

　「瓜子姫とあまのじゃく」は日本の昔話の1つである。おじいさんが拾った瓜から生まれた瓜子姫があまのじゃくに捕まるが，カラスによって助けられ，最後にはあまのじゃくは追い払われるという物語であり，子どもにとって展開が分かりやすい物語となっている。瓜子姫，おじいさん，おばあさん，カラス，あまのじゃくなどさまざまな登場人物がいることから，登場人物や場面に合わせて様々な遊びを展開することができる。本単元では「瓜子姫とあまのじゃく」というおはなしをもとに紙芝居，瓜拾い，カラスとの楽器遊び，かくれんぼの4つの活動を設定している。紙芝居では指導者がナレーションを行い，児童が場面に合わせて吹き出しに書かれている台詞を読む活動を行うことで，相手の言葉をしっかりと聞き，適切な反応を返すというコミュニケーションの基礎的な部分の練習をすることができる。瓜を拾う活動では友達と一緒に瓜を取りに行ったり，運んだりすることで，友達と協力して遊んだり，体の動きをコントロールする経験ができる。さらに，拾った瓜の重さを量で比べることで量の取り扱いに慣れたり，数の多さを比べたりする力を養うことができる。カラスとの楽器遊びの活動では，ひらがなが1文字ずつ書かれたカードを友達と並べ，作った言葉を言いながら友達とタイミングを合わせて楽器を演奏することで，友達と協力して遊んだり，楽器の音色に親しむことができる。かくれんぼでは，相手の「もういいかい。」という声に合わせて「もういい

> 友達との関わりを引き出すために仕組むことのできる活動について述べる。

よ。」というやりとりをしながら遊ぶことで，相手とコミュニケーションをとりながらルールを守って楽しく活動する経験をすることができる。

（3）指導観

　本題材は，人と関わりながら活動することを主な目的として，登場人物になりきって課題を行う活動を設定している。児童が体を動かして遊ぶことが好きであることから，本題材で指導者や友達と言葉かけをし合ったり，指導者や友達のかけ声に合わせて自分の体を動かしたりしながら友達と一緒に楽しく遊ぶ活動をしくむ。これにより人と関わることが楽しいことであるという気持ちを養うとともに，相手の言葉かけに対して簡単な応対をしたり，自分の思いを伝えることができるようにする。

　指導にあたっては，次の点について留意する。

　1点目は，児童が授業に見通しをもって活動できるようにすることである。題材を通して毎回の授業を同じ流れで行い，さらに，活動ごとに音楽を変えることで音楽の違いを聴き分けて活動を区別したり，音楽が終わるまで活動したりすることで，見通しをもって授業に参加することができるようにする。また，活動前に指導者の手本や使用する道具を見ることで何をすればよいのか見て分かるようにする。

　2点目は，児童の活動しやすい環境を設定することである。授業全体を通して活動場所に児童の刺激になるものはできるだけ置かず，活動に集中することができるようにする。また，活動の場を児童自身が準備をすることで，活動に見通しをもったり，簡単な役割を果たしたりすることができるようにする。

　3点目は，児童の意欲を引き出す支援を行うことである。活動ごとに音楽をかけることで児童が楽しんだり，意欲的に活動に参加したりすることができるようにする。また，児童が積極的に活動したり，工夫したりする場面があったときは「○○が上手にできたね！」などのように具体的に賞賛し，自信をもって活動することができるようにする。

　4点目は，人との関わりを増やす活動を設定することである。すべての活動において，友達と協力したり，言葉のやりとりをしたりすることが必要な場面を設定し，自然とコミュニケーションを取ることができるようにする。また，指導者が悪役となる活動を設定することで，児童が物語の

> 友達との活動を促すために留意していることを述べる。

登場人物になったつもりで活動できるようにするとともに，児童同士が協力して遊ぶことができるようにする。さらに，かくれんぼの活動では隠れるために，布をかぶせてもらうなど，友達の助けが必要な場面設定をすることで，人と関わりあいながら楽しく遊ぶ経験ができるようにする。

7　単元の目標
（1）身近な人の話を聞いて，内容のあらましが分かる。
（2）簡単な語句や短い文などを正しく読む。

8　指導と評価の計画（全12時間）

次	時数	学習内容	評価規準	関	思	技	知	評価方法
1	3	・紙芝居を読み，物語の内容を知る。 ・登場人物と一緒に遊ぶ。 ①瓜拾い	・紙芝居に書かれた吹きだしを読むことで登場人物の台詞を言うことができる。(国語3段階(1)) ・3段階(3) 簡単な語句や短い文などを正しく読む。	○			○	行動観察 発言
			・指導者や友達と一緒に手さげを持ち，瓜を集めることができる。(生活3段階(3))			○	○	行動観察
2	4	・登場人物になって遊ぶ。 ①瓜拾い ②楽器遊び ③かくれんぼ	・友達と一緒に手さげを持ち，瓜を集めることができる。(生活3段階(3))		○			行動観察 発言
			・友達と集めた瓜の重さを測ることができる。(算数3段階(2))			○	○	行動観察 発言
			・ひらがなの文字数に合わせて楽器を鳴らすことができる。(音楽3段階(2))			○	○	行動観察
			・友達と相談して隠れる場所を決めたり，友達が隠れる手助けをしたりすることができる。(体育3段階(1))	○				行動観察 発言
			・自分で道具を選び，体に巻きつけたり，掛けたりすることで，隠れることができる。(図画工作3段階(1))		○			行動観察
3	5	・劇遊びを行い，映像で自分の演技を振り返る。	・台詞を覚え，場面に合わせて言うことができる。(国語3段階(1))			○		行動観察 発言
			・劇遊びの様子を記録した映像を見て，友達の頑張っているところを見つけることができる。(生活3段階(4))		○			行動観察 発言

（吹き出し：題材における主な学習内容，評価規準を示す。）

9　本時の目標

(1) 全体目標
・<u>活動に見通しをもち，自分から指導者や友達に話しかけたり，簡単な応対をしたりすることができる。</u>
・ゲームのルールを大まかに理解し，ゲームに参加することができる。

> 全体目標においても友達との関わりに関する目標を定する。

(2) 個々の目標

	これまでの様子	目　標
A	・数字を比べることで，どちらが重いのかを比べることができる。秤を使い数字の書かれていない目盛の部分を読み取ることができつつある。 ・楽器遊びの活動では短い言葉を言いながら友達とタイミングを合わせて楽器を鳴らすことができる。自分で言葉を考える場合でも4文字程度の言葉であれば自分から友達に提示することができる。自分から言葉を提示することが多いが，指導者の言葉かけを受けたり，順番を決めておいたりすることで，自分から友達に「Bちゃんはどうですか？」などと話しかけることができつつある。 ・かくれんぼの活動では，自分から友達に「手伝って。」と言って遊びに誘うことができる。隠れる際に使う道具などを友達と相談して決めることができつつある。	○秤の目盛を見て，瓜の重さを10キログラム単位で読み取ることができる。 ○自分から友達に「Bちゃんはどうですか？」などと話しかけることができる。 **友達との関わりに関する目標** ○<u>自分から友達に話しかけ，隠れる際に使う道具を一緒に決めることができる。</u>
B	・友達と一緒に袋を持ち，歩調を合わせて走ることができる。はじめは友達の言葉かけを聞いて追走することが多かったが，繰り返し活動する中でルールに慣れ，自分から友達に話しかけることができつつある。 ・楽器遊びの活動では短い言葉を言いながら友達とタイミングを合わせて楽器を鳴らすことができる。繰り返し活動したり，順番を決めたりするなかで，自分で言葉を考えて友達や指導者に提案することができつつある。 ・かくれんぼの活動では友達の話しかけにしっかりと応じることが出来る。友達に自分から話しかけるなど，友達と関わりながら遊ぶことができつつある。	○「こっちに取りに行こう。」などと自分から友達に話しかけ，一緒に遊ぶことができる。 ○自分で考えた言葉を友達や指導者に提案することができる。 **友達との関わりに関する目標** ○<u>自分から友達に話しかけたり，友達の誘いに応じて隠れたりする際に使用する道具を決めることができる。</u>

10　準備物

　ベンチ，すずらんテープ，フック，瓜，玉入れ，足型×30，カラス人形，ウッドブロック，トライアングル，鈴，カスタネット，タンバリン，巧技台，模造紙，たらい，ブロック，蛇腹トンネル

11 学習過程（6/12時間）

過程	時間	学習活動	指導上の留意点（□課題，○支援，☆評価，◎評価方法）		
			A	B	全体
導入	1分	1 あいさつをする。	○顔を指導者の方に向けていない場合は言葉かけによって促す。○「今日が来た」の曲に合わせて歌を歌いながら指導者の模倣をすることで，指導者に意識を向けるとともに期待感をもって学習に入ることができるようにする。	○手をももの下に置いている場合は膝の上に置くように促す。○「今日がきた。」の模倣を行っていない場合は，手本を示しながら待ち，模倣を行うことができるようにする。	○言葉かけを行うことで姿勢を整えるように促す。
展開	12分	2 瓜拾いの活動をする。	□秤の目盛を見て，瓜の重さを10キログラム単位で読み取る。○目盛を読み取るのが難しい場合は指導者が目盛を一緒に数えたり，目盛ごとに数字の書かれた紙を提示することで，重さを読み取ることができるようにする。☆秤の目盛を見て，瓜の重さを10キログラム単位で読み取ることができたか。◎行動観察・発言	□「こっちに取りに行こう。」などと自分から友達に話しかけ，一緒に遊ぶ。○活動の前に「こっちに行こう。」などの言葉かけのモデリングを行うことで，活動中にどのように友達に話しかければよいのかが分かるようにする。☆「こっちに取りに行こう。」などと自分から友達に話しかけ，一緒に遊ぶことができたか。◎行動観察・発言	【自信がないとうまく行動に移すことができないことがあるので，関わり方の確認することで，安心して自分から友達に話しかけることができる。】○指導者が川に住んでいる魚になり，瓜を集めたり，児童を追いかけたりすることで，児童同士が協力する姿を引き出す。【指導と評価の計画との整合性を持たせる。】
	12分	3 楽器遊びをする。	□自分から友達に「Bちゃんはどうですか？」などと話しかける。○友達に話しかけることができていない場合は指導者が「Bさんが今考えている顔をしているよ。」などと言葉かけを行い，友達に注目することができるようにする。☆自分から友達に「Bちゃんはどうですか？」などと話しかけることができたか。◎行動観察	□自分で考えた言葉を友達や指導者に提案する。○自分から友達や指導者に言葉を提案するのが難しい場合は指導者が「Bさんやってみますか？」と言って言葉を提案する役割を与える。☆自分で考えた言葉を友達や指導者に提示することができたか。◎行動観察	【遊びに夢中になってしまい，順番や友達を意識することが難しくなってしまうことがあるため。】○タンバリン，ウッドブロックなどの楽器を複数用意することで，様々な楽器の音色に親しむことができるようにする。
	13分	4 かくれんぼをする。	□自分から友達に話しかけ，隠れる際に使う道具を一緒に決める。○ジッパーの付いたシーツを用意するなど，1人で隠れることのできない道具を用意しておくことで，自分から友達に話しかけることができるようにする。☆自分から友達に話しかけ，隠れる際に使う道具を一緒に決めることができたか。◎行動観察・発言	□自分から友達に話しかけたり，友達の誘いに応じて隠れたりする際に使用する道具を決める。○かくれんぼを行う際に道具の使い方を説明することで，自分で道具を選ぶことができるようにする。☆自分から友達に話しかけたり，友達の誘いに応じて隠れる際に使用する道具を決めたりすることができたか。◎行動観察・発言	【友達に話しかけたり，助けを求めたりすることが必要な場面を設定することで，自発的な関わりを引き出すようにしている。】○「もういいかい。」，「もういいよ。」という決まったやりとりをしながら遊ぶことで，相手とコミュニケーションをとりながらルールを守って楽しく活動する経験をすることができるようにする。
まとめ	6分	5 本時の振り返りをする。	○友達の発表に顔を向けることができていない場合は指さしを行うことで，友達の顔を見ることができるようにする。	○はじめにA児が発言することで，自信をもって発言することができるようにする。	○本時で使った教具や板書を示しながら振り返りを行うことで，活動の名前や何の道具を使ったのかなどを思い出すことができるようにする。
	1分	6 終わりのあいさつをする	○顔を指導者の方に向けていない場合は言葉かけによって促す。	○「今日がきた。」の模倣を行っていない場合は，手本を示しながら待ち，模倣を行うことができるようにする。○手を腿の下に置いている場合は膝の上に置くように促す。	○「今日が来た」の2番を歌うことで，授業の終わりが意識できるようにする。○終わりの挨拶をすることで，次の活動に意識を向けることができるようにする。

12　評価の観点
（1）児童が主体的に課題を達成していたか。
（2）児童の課題設定は適切であったか。
（3）目標設定は適切であったか。
（4）支援の手立ては適切であったか。
（5）活動量は適切であったか。

13　教室配置図

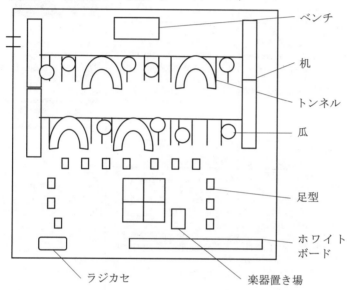
瓜拾い・楽器遊びの活動（プレイルーム）

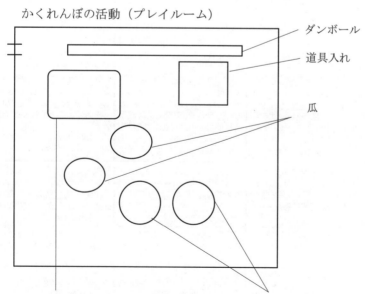
かくれんぼの活動（プレイルーム）

活動の設定の理由

① 瓜拾い

活動の概要

児童2名で持ち手の付いた箕を一緒に持ち, 瓜を集める。指導者が悪役となり, 拾った瓜の重さで勝負する。

ねらい

持ち手の付いた箕を一緒に持ち, 瓜を運ぶので, 持ち手の高さを相手にそろえなければ瓜が箕から落ちてしまう。そのため自然と友達の動きに注目しながら活動することができる。

また, 活動前に「作戦タイム」と設けることで, 友達に自分の意見を言ったり, 友達の意見を聞いたりする経験をすることができるようにしている。

重さを量る場面では秤を使って瓜の重さを量り, 電子秤を使って答え合わせをしている。重さを数字で捉えることで, 比較ができることが分かったり, 調理活動などの際に電子秤や秤を使って活動することが多いので, 秤の取り扱いに慣れたりするために, この活動を取り入れている。また, 瓜を大きくし, 秤に乗りきらないようにすることで, 複数回に分けて重さを量り, これまでに学習した, 足し算の筆算を使って合計を導くことができるようにしている。

② 楽器あそび

活動の概要

ひらがなが1文字ずつ書かれたカードを使って, 言葉を作る。作った言葉を言いながら, 文字の数だけみんなで楽器を鳴らす。(例えばりんごならば「り・ん・ご」と言いながらタンバリンを3回たたく)

文字数の数だけマスを歩くことができ, ゴールを目指して進む。

ねらい

　友達とタイミングを合わせて一緒に楽器を鳴らすことで，友達の様子に注目したり，アイコンタクトをしたりするなど友達に意識を向けることができる。

　また，交互に言葉を作ることで，順番を守ったり，友達の提案を受け入れて遊ぶ経験をしたりすることができるようにしている。

　また，会話の中で「ガスこんろ」を「ガスころん」と言うなど，言葉の誤認がみられるため，言葉を正しく知ることができるように，ひらがなを並べて言葉を作る活動を設定している。言葉を言いながら楽器を鳴らすことで，言葉がどのような音やリズムで成り立っているのかを感じることができるようにしている。

③　かくれんぼ

活動の概要

　かくれんぼのルールと同様に，あまのじゃく役（おに）と瓜子姫役（隠れる人）とに分かれて活動する。指導者も一緒に活動している。

ねらい

　かくれんぼは，相手の「もういいかい。」という声に合わせて「もういいよ。」というやりとりをしながら遊ぶことで，相手とコミュニケーションをとりながらルールを守って楽しく活動する経験をすることができる。

　さらに，1人では隠れることのできないジッパー付のシーツを用意することで，自分から友達に助けを求めることができるようにしている。

　児童2名とも好きな活動であるので，夢中になって遊ぶ中で，適切であったり，あるいは適切でなかったりする言葉かけがみられることがある。その中で指導者が良い言葉かけに対して賞賛をしたり，正しい言葉かけをモデリングしたりすることで，遊びながら人との関わり方を学習することができるようにしている。

第1章 学習指導案から見る研究授業の工夫点

3 中学部（第1学年）・音楽科

1　日　時　　平成27年1月29日（木）（10：00～10：50）
2　場　所　　音楽室
3　学部，学年，学級　中学部第1学年（単一障害学級）
4　単元名　「合奏①」
5　年間指導計画
　（1）ねらい
　　・自分の好きな音楽のメロディに関心を向け，口ずさむなどして聴くことができる。
　　・音楽の曲想や雰囲気を感じ取り，イメージをつくりながら，自由に身体表現することができる。
　　・テンプルブロックやベルハーモニーなどの有音程の打楽器を使って，音楽に合わせてリズム打ちをすることができる。
　　・呼吸のタイミングや口の開け方に気をつけながら歌ったり，旋律の入った伴奏に合わせて，強弱に気をつけて歌ったりすることができる。
　（2）計画

単元	時間
校歌等	8時間
リズムを感じよう	8時間
曲に合わせて表現しよう	8時間
合奏①	8時間（本時は7/8時間）
卒業を祝う歌	3時間
計	35時間

6　単元設定の理由
（1）生徒観

　本学級は，単一障害学級であり，男子生徒2名，女子生徒2名の計4名で編制している。全員に知的障害があり，自閉症を併せ有する生徒もいる。コミュニケーションについては，発語は不明瞭であるが簡単な日常会話がある程度成立する生徒，教員の指示言語がおおむね理解できる生徒，いくつかの単語で要求が伝えられる生徒など様々である。
　音楽に関しては，音楽を聴くことが好きな生徒が多く，休憩時間に自らCDを準備して音楽を聴いている様子も見られる。音楽科の授業の歌唱に関しては，発語が明瞭ではないが，大きな声で歌う生徒や，始めはなかなか声が出せ

> 音楽におけるクラスの実態と，これまでの学習過程を述べる。また，本校の研究テーマである，主体的活動を促す授業づくりに関連して，生徒の主体性に関する内容も述べる。

ないが，回数を重ねて何度も練習したり，指導者から評価を受けたりすることで歌うことができる生徒もいる。合奏に関しては，年度当初はリズムを意識して演奏することが難しかったが，生徒によっては近くで手本を示したり，言葉かけをしたりすることで，正しいリズムを刻もうとする様子も見られてきた。しかし，自分の順番を意識して演奏する経験は少ない実態がある。

　本校の授業づくりの中心である，生徒の主体的活動を促す取組に関しては，様々な各教科等で取り組んでいる。例えば，日常生活の指導（朝の会・帰りの会）では，毎日決まった流れで，会の進行や健康観察係に取り組んだり，作業学習では，自ら手順表を確認しながら，製品を製作したりしている。しかし，指導者が主で役割を設定したり，準備や片付け等をしたりすることも多い実態がある。

(2) 単元観

　本題材は，特別支援学校中学部学習指導要領の知的障害者である生徒に対する教育を行う特別支援学校における音楽科の内容「打楽器や旋律楽器などを使って，自由に演奏したり，合奏や独奏をしたりする。」を踏まえて設定したものである。

> 生徒観を踏まえ，本単元を扱う理由を述べる。（音楽的な内容で育てることができる力と，主体的な活動の観点から伸ばすことができる力について，詳しく述べる。）

　今回の合奏曲である「音のマーチ」「崖の上のポニョ」は，小学部でも扱っていたり，映画のテーマ曲であったりすることもあり，生徒にとってなじみのある曲である。今回は，自分が演奏する順番を明確に分けて演奏を行うことで，自分の音がないと合奏にならず周囲が困るため，生徒は責任感をもって演奏することが期待できると考える。

　また，合奏の際，自分が演奏したい楽器の選択を生徒自身にさせることで，生徒の意思を反映させることができる。それは，参加の意欲を高めるのみでなく，友達の演奏する楽器の音色や，選んだ楽器に注目し，主体的に周囲の様子に関心をもつことが期待できると考える。

(3) 指導観

　指導に当たっては，次のことに留意して，授業を進めていきたい。

1　音楽的活動の内容として

　音楽科の授業では，授業の始めに，「にじ」という曲を歌い，授業の始まりの意識付けを行っている。

　合奏では，指導者も一緒に演奏することで，手本を見な

> 指導者の意図が最も現れる部分であり，「1　音楽的活動の内容として」「2　「主体的活動を促す授業づくり」を踏まえて」の2つの観点から，述べている。

がら演奏できるようにしたり，演奏が終わるごとに，それぞれの生徒に対して評価したりすることで，自信をもって演奏できるようにする。

また，雰囲気づくりとして，言葉掛けをリズミカルにしたり，生徒の活動の様子に合わせて速度調整をしたりして，生徒が意欲的に活動に取り組むことができるようにする。さらに，提示されたものや音に集中できるような環境を作るために，活動の動と静の場面を明確にすることにも留意する。

2 「主体的活動を促す授業づくり」を踏まえて

今年度も本校は，主体的活動を促す授業づくりを研究テーマとしており，日々の指導で，「主体的活動」の観点をもちながら授業を行っている。本題材では，①準備・片付け等がすぐにできるように，机や椅子，物や教材の位置を固定する②主担当者と副担当者が連携し，指示のしすぎや同時に指示しないことに注意する③見通しをもって活動できるように，活動表の進行を生徒に操作させる④授業の見通しがもちやすいように，大まかな授業の流れを同じように設定する⑤順番を明確に伝えるために，ホワイトボードに顔写真で順番を示し，視覚からの指示理解を促すこと等に留意して指導を行いたい。

7 単元の目標

- テンプルブロックやベルハーモニーなどの有音程の打楽器を使って，音楽に合わせてリズム打ちをすることができる。
- 自分の好きな音楽のメロディに関心を向け，口ずさむなどして聴くことができる。
- 音楽の曲想や雰囲気を感じ取り，イメージをつくりながら，自由に身体表現することができる。
- 呼吸のタイミングや口の開け方に気を付けながら歌ったり，旋律の入った伴奏に合わせて，強弱に気をつけて歌ったりすることができる。

8 指導と評価の計画〔全8時間〕

次	時数	学習内容	評価規準	関	思	技	知	評価方法
1	3	合奏1 ・「あわてんぼうのサンタクロース」の歌唱をする。 ・「ジングルベル」のリズムを知り，演奏する。	・学習の進め方，基本のルール，準備や片付けの仕方等について知ることができる。（音楽3）	○			○	行動観察 発言
			・身に付けるリズムについて知り，正しいリズムで演奏することができる。（音楽3）		○	○		行動観察
2	4	合奏2 （本時は，4／4） ・「音のマーチ」「崖の上のポニョ」のリズムを知り，演奏する。 ・順番を理解して演奏する。	・学習の進め方，基本のルール，準備や片付けの仕方等について知り，自分の役割を取り組むことができる。（音楽3）	○	○			行動観察 発言
			・自分でやりたい楽器を選択し，順番を理解して演奏することができる。（音楽3）		○	○		行動観察
3	1	まとめ ・発表会をする。	・自分たちの演奏をタブレット型端末で撮影し，活動を振り返ることができる。（音楽2）		○	○		行動観察 発言

> 授業を重ねることで，「関心・意欲・態度」から，「思考・判断・表現」に発展していく計画を立てている。

9 本時の目標

（1）全体の目標

・担当するパートの順番を把握し，演奏することができる。
・椅子の準備，片付けや，楽器の準備等を，主体的に取り組むことができる。

> 音楽的な目標と，研究テーマである「主体的活動を促す授業づくり」を踏まえた目標の，2つの観点から，述べている。

（2）個々の目標

> 全体の目標を踏まえ，個々の目標に関しても，音楽的な目標と，研究テーマである「主体的活動を促す授業づくり」を踏まえた目標の，2つの観点から，述べている。

	これまでの様子	目　標
A	・発語は不明瞭であるが，大きな声で歌うことができる。リズム打ちでは，リズムが外れてしまうことが多いが，自分が演奏する順番は理解している。	・指導者に指さしで順番を示されることで，自分の順番を理解し，手本に合わせて，「○×○×」のリズム打ちを，5割以上正しくすることができる。
	・任された役割を，指導者からの言葉かけを受けて行動することも多いが，自ら動いて準備や片付けをすることができるようになってきた。	・係表や活動表の手掛かりを参考にして，楽器の準備や片付けをすることができる。
B	・見通しがもてなかったり，思うように活動に取り組むことが難しいと判断したりしたときは，情緒が不安定になるが，音楽が好きで，簡単なメロディーやリズムを覚えることができる。また，合図をすることで，自分の演奏する順番を理解して演奏することができる。	・合図を受けることで，自分の順番を理解し，指導者の手本に合わせて，「○×○×」のリズム打ちを，正しくすることができる。
	・リズム打ちが得意であり，リズム打ちで用いる曲を口ずさむと，笑顔で歌の続きを歌ったり，手拍子したりできる。時々，自ら楽器を取りに行き，選ぶこともある。	・目の前に提示された2種類の楽器の中から，演奏したい楽器を自分で選ぶことができる。
C	・歌唱では，曲の前半では，声を出して歌おうとするが，後半になると声が小さくなる。指導者からの言葉かけを受けて，再び大きな声で歌おうとする。合奏も同様に，曲の前半では，楽器を鳴らしていても，後半では手を止めていることがある。自分が演奏する順番は理解し，自分以外の演奏のときは，待つことができる。	・自分の順番を理解して，曲の最後まで，正確にリズム打ちをすることができる。
	・11月上旬から，曲の始まりの合図を出す役割に取り組んでいる。当初は，合図を出すタイミングが遅れることがあったが，曲の始まりを判断して，合図を出すことができるようになってきている。	・曲の始まりを判断して，「スタート」の合図を出すことができる。
D	・周囲に気が散りやすく，集中するまでに時間がかかることがあるが，音楽が好きで，簡単なメロディーを口ずさんだり，自分なりのリズムを刻んだりすることができる。しかし，自分が演奏する順番は理解できず，他の生徒の演奏中も，音を出すことがある。	・指導者の言葉かけや手本を見ることで，自分が演奏する順番の時に，リズム打ちをすることができる。
	・活動の流れを理解しており，「次は？」と聞くと，「○○。」と答えることができる。	・指導者から活動の終わりを伝えられると，自ら活動表に向かい，次の活動を，指導者や友達に伝えることができる。

10 準備物

ホワイトボード，生徒の顔写真，ＣＤ，ＣＤデッキ，活動表，歌詞カード，リズム譜，椅子，めあてカード，タンバリン，パーランク，大太鼓，ＤＶＤデッキ，テレビ，磁石

11　学習過程
　　　後掲（次ページ）

12　授業評価の観点
（1）生徒が主体的に課題を達成していたか。
（2）生徒の課題設定は適切であったか。
（3）目標設定は適切であったか。
（4）支援の手立ては適切であったか。
（5）活動量は適切であったか。

13　教室配置図

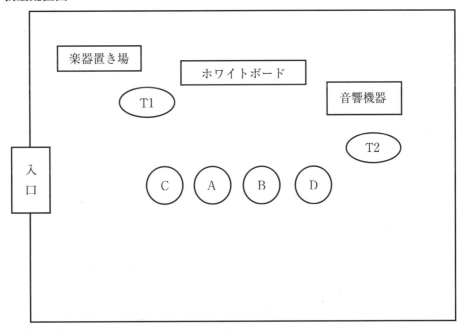

11 学習過程

過程	時間	学習活動	指導上の留意点（ ☐課題，○支援，☆評価，◎評価方法）	
			A	B
導入	15分	1 はじめのあいさつをする。(1分) 2 本時の活動内容を確認する。(4分) ①「にじ」の歌唱 ②「ゆき」の歌唱 ③「音のマーチ」の合奏 ④「崖の上のポニョ」の合奏 3 「にじ」の歌唱をする。(5分) 4 「ゆき」の歌唱をする。(5分)	学習の流れに見通しをもつことができるようにする。また，生徒自身に，活動表を操作させ，自分自身で活動の流れを確認させる。 ○ 1 にじ 🌈 ○ 2 ゆき ⛄ ○ 3 おとのまーち 🎵 ○ 4 ぽにょ	
展開	25分	5 「音のマーチ」の合奏をする。(10分) ①合奏 ②振り返り（電子黒板を活用）	係表や活動表の手掛かりを参考にして，楽器の準備や片付けをすることができる。 ○役割を示した係表や活動表を示す。(T1) ☆係表や活動表の手掛かりを参考にして，楽器の準備や片付けをすることができたか。 ◎行動観察，発言 (学習活動6でも同様)	目の前に提示された2種類の楽器の中から，演奏したい楽器を自分で選ぶことができる。 ○演奏したい楽器を把握し，楽器を実際に鳴らすなどして，選択するための雰囲気づくりをする。(T1) ☆目の前に提示された2種類の楽器の中から，演奏したい楽器を自分で選ぶことができたか。 ◎行動観察
		6 「崖の上のポニョ」の合奏をする。(15分)	指導者に指さしで順番を示されることで，自分の順番を理解して，リズム打ちを，5割以上正しくすることができる。 ○順番がくる一人前のときに，指導者が順番を示す表を指さしして，順番がくることを伝え，演奏の準備をさせる。(T1) ☆指導者に指さしで順番を示されることで，自分の順番を理解して，リズム打ちを，5割以上正しくすることができたか。 ◎行動観察	合図を受けることで，自分の順番を理解して，リズム打ちを，正しくすることができる。 ○意欲的に取り組めるように言葉かけをしたり，手本を見せて誘ったりする。(T1) ☆合図を受けることで，自分の順番を理解して，リズム打ちを，正しくすることができたか。 ◎行動観察
まとめ	10分	7 学習を振り返る。(3分) 8 片付けるものを決める。(2分) 9 おわりのあいさつをする。(1分) 10 片づけをする。(5分)	生徒が分かって動けるようにするために，明確に係分担を行う。また，生徒に自分の係を理解しやすいように，端的な文とイラストで係を示している。 もじ まいく 🎤 あいぱっど 💻 がっき 🎵	

指導上の留意点 （ □ 課題, ○支援, ☆評価, ◎評価方法）		
C	D	全体
曲の始まりを判断して、「スタート」の合図を出すことができる。 ○必要に応じて、自分の活動を確認させる言葉かけや、ジェスチャーをする。(T1) ☆曲の始まりを判断して、「スタート」の合図を出すことができたか。 ◎行動観察 (学習活動3,4,5,6)	指導者から活動の終わりを伝えられると、自ら活動表に向かい、次の活動を、指導者や友達に伝えることができる。 ○必要に応じて、自分の活動を確認させる言葉かけをする。(T1) ☆指導者から活動の終わりを伝えられると、自ら活動表に向かい、次の活動を、指導者や友達に伝えることができたか。 ◎行動観察 (学習活動3,4,5,6)	・指導者に注目をさせてから、あいさつをする。 ・活動内容を理解できるように、生徒に問いかけながら進めていくようにする。 ・読み上げてくれた生徒と、話をよく聞いていた生徒を評価する。 ・めくりをしている友達に注目させる。 ・曲のイメージをつかむことができるように、映像に合わせて歌わせる。
		・合奏の際、演奏したい楽器を選択させる。 ・肯定的な言葉かけを行い、生徒が失敗を恐れずに、主体的な活動ができる雰囲気を作る。 ・順番を示す表には、枠を引いて、視覚的に区別をしやすくする。 ・リズムを「タン」「ウン」などの、理解しやすい言葉を伝えながら、リズム打ちをする。 ・生徒に対面して手を動かし、手本を示す。
自分の順番を理解して、曲の最後まで正確にリズム打ちをすることができる。 ○順番を示す表を見ながら演奏するように促す。(T1) ☆自分の順番を理解して、曲の最後まで正確にリズム打ちをすることができたか。 ◎行動観察	指導者の言葉かけや手本を見ることで、自分が演奏する順番の時に、リズム打ちをすることができる。 ○演奏する順番を、T2が言葉かけやホワイトボードを指さししながら伝え、演奏の準備をさせる。(T2) ☆指導者の言葉かけや手本を見ることで、自分が演奏する順番の時に、リズム打ちをすることができたか。 ◎行動観察	・肯定的な言葉かけを行い、生徒が失敗を恐れずに、主体的な活動ができる雰囲気を作る。 ・順番を示す流れの表には、枠を引いて、視覚的に区別をしやすくする。 ・リズムを「タン」「ウン」などの、理解しやすい言葉を伝えながら、リズム打ちをする。 ・生徒の前で、手を動かして手本を示す。
		・発表している友達に注目させる。 ・指導者に注目させてから、あいさつをする。

活動設定の理由

①電子黒板を活用した振り返り

活動の概要

・電子黒板を活用して，タブレット型端末で撮影した動画を使って，相互評価を行う。

ねらい

・本時の目標である，「担当するパートの順番を把握し，演奏することができる。」ことが達成できたかどうか確認する。
→動画を活用することで，客観的に自分の演奏を振り返ることができた。また，友達の演奏する楽器の音色や，選んだ楽器に注目し，主体的に周囲の様子に関心をもつことが増えてきた。

②準備・片付け表を用いた係分担

活動の概要

・準備・片付け表を用いて，明確に係分担を行い，準備や片付けに取り組ませる。

ねらい

・本時の目標である，「椅子の準備，片付けや，楽器の準備等を，主体的に取り組むことができる。」ことを達成させる。
→役割分担を明確にさせることで，スムーズに自分の係に取り組むことができた。また，友達の係活動の状況を判断し，友達を手伝う様子も増えてきた。

第1章　学習指導案から見る研究授業の工夫点

4　中学部（第2学年）・作業学習

1　日　　時　　平成26年12月10日（水）　11：00～11：50
2　場　　所　　中2・3教室
3　学部，学年，学級　中学部第2学年（単一障害学級）　2名
4　題材名　「刺し子・刺繍」
5　年間指導計画
（1）ねらい
　・継続して作業に取り組むことにより経験を深め，意欲的な作業態度を身につける。
（2）計画
　　　4月～7月　織物・編み物
　　　8月～1月　刺し子・刺繍
　　　2月～3月　ミシン

6　題材設定の理由
(1) 生徒観
　作業学習の手工芸は，中学部第2学年で実施するように計画されており，単一障害学級の2名の生徒が学習している。前期で行った「さをり織り」の題材では，繰り返しの作業により，2名とも集中して作業を行うことができていた。
　生徒AはWISC-Ⅲの結果から，耳から情報を受け取り話しことばによって応答する力と，目から情報を受け取り動作によって応答する力の間には有意差は認められなかったが，目で見たことを理解したり，覚えたり，形を正確に捉えることが苦手である。そのため，実際にあるものを利用して練習を行うなど体験的に学ぶことが必要である。刺し子に関しては，当初は，玉結びや玉止めを正しく作ることが難しかったが，繰り返し学習を行ったことにより，支援を受けずにできる回数が増えた。また，縫う作業でも印をよく見ながら線に沿って縫うことができている。
　生徒Bは，自閉症のある知的障害の生徒である。刺し子に関しては，手元での細かい作業は苦手であり，印をよく見て縫おうとしているが，印からずれてしまうことがある。また，授業参観などいつもと状況が違う場面では，声が小さくなってしまったり，集中力が欠けてしまったりするこ

> 作業に必要な知識・技能の習得，作業態度，授業の中での様子について述べている。

とがある。そのため，自信をもって取り組める課題の設定が必要である。

　２人に共通する課題として，指示待ちになってしまうことがある。その背景として，行動する以前に失敗することに対して不安傾向が強かったり，他者から認められる成功経験の少なさなどから自信がもてなかったりすることが考えられる。

> 主体的活動を促す授業づくりに関連して課題を述べている。

(2) 単元観

　本題材「刺し子・刺繍」では，知的障害者である生徒に対する教育を行う特別支援学校学習指導要領中学部の各教科の「国語」「数学」「理科」「職業・家庭」から次の内容を取り扱う。

国語	(1) 話のおよその内容を聞き取る (2) 見聞きしたことや経験したこと，自分の意見などを相手に分かるように話す。
数学	(1) 日常生活における初歩的な数量の処理や計算をする。 (2) 長さ・重さなどの単位が分かり，測定する。
理科	(4) 自然の事物・現象についての興味を広げ，日常生活との関係を知る。
職業・家庭	(1) 働くことに関心をもち，作業や実習に参加し，働く喜びを味わう。 (2) 職業に就くためには，基礎的な知識と技能が必要であることを理解する。 (4) 自分の役割を理解し，他の者と協力して作業や実習をする。

　本題材で扱う刺し子は，印のついた穴に針を刺すという同じ作業を繰り返し行うことにより，最小限の支援で，ほとんどの作業を１人で行うことができ，「できた」という自信につながりやすい。また，どれだけ作業をしたか目に見える形で分かるため，製品の完成への期待感と達成感を味わうことができる。

> 作業学習として刺し子を題材として扱う理由について述べている。

　また，役割を与えるという面でも，２人で協力をして，糸の長さをものさしを用いて測定したり，刺し子で使う道具を確認したりする等の場面設定をすることができ，自己存在感を高めることができる。

　そして，針を使用しないときには針山に刺す等の指導を徹底して行い，道具を安全に使用して作業をするということについても学ぶことができる題材である。

(3) 指導観

　指導に当たっては，次のことに留意して，授業を進めていきたい。

ア　作業的活動の内容として

　作業的活動への意欲の向上と最後まで分担されたことをやり遂げる態度を身に付けられるよう指導を行っていきたい。生徒Ｂが最小限の支援で作業を行うために，刺し子の

表面と裏面にそれぞれ印をつけ，同じ面を縫おうとしたら裏返して縫うために「くるっ。」という言葉かけを行う。
イ　主体的活動を促す授業づくりとして
　刺し子の技能をそれぞれの生徒に合わせて10段階に分け，生徒自身でどこができてどこができていないか分かりやすいよう表（刺し子検定評価表）に示した。この刺し子検定評価表を用いて自分で目標設定を行い，「前回はこの工程ができなかったから今回はこの工程ができるようになりたい」という思考や意欲を引き出していきたい。また，生徒自ら片付けができるよう片付ける位置を提示し，それを目安に片付けをするように指導していきたい。
ウ　キャリア教育の視点から
　それぞれの生徒の実態に合わせて司会進行や報告係など役割を与え，目標設定の時間では，自分で役割に対する目標を設定させる。そして，タブレット型端末で役割を行っている様子を撮影しておき，振り返りの際に自己評価や相互評価をさせることによって以前より「できるようになった」という実感をもてるようにしていきたい。また，その生徒が役割を行わないと次に進めないという状況を設定し，生徒が役割を果たすことによって周囲の役に立っているということを実感させていきたい。

7　題材の目標
・作業の準備，作業，片付けなどの一連の活動を成し遂げることができる。
・作業について分からないことは進んで尋ねることができる。

> 生徒の主体的活動を促すために留意していることを述べている。

> 他の研究（障害のある幼児児童生徒に対するキャリア教育の推進について）に関与してキャリア教育の視点も盛り込んでいる。

8　指導と評価の計画（全60時間）

次	時数	学習内容	評価規準	関	思	技	知	評価方法
1	6	・裁縫の基本的な技術を練習する。	・指導者の説明を聞き，質問に正しく答えることができる。（国語(1)）	○			○	発言
			・裁縫に関心をもち，自分から道具を準備することができる。（職業・家庭(1)）	○	○			行動観察
2	34	・刺し子・刺繍をする。	・自分の役割を理解し，友達と協力して作業を行うことができる。（職業・家庭(4)）			○	○	行動観察
			・決められた数だけ糸を用意することができる。（数(1)）		○		○	行動観察
			・自分の作製した製品がどのように他の人に使用してもらえるか考えることができる。（理科(4)）	○	○			発言 行動観察
3	20	・刺し子・刺繍の製品を作る。（本時5/20時）	・分からないときには「手伝ってください。」，できたときには「できました。」と報告を行うことができる。（国(2)）			○		発言
			・糸の長さをものさしを用いて測定し，決められた長さに切ることができる。（数(2)）			○	○	行動観察
			・作業手順に沿って作業を行うことができる。（職業・家庭(3)）		○	○		行動観察

＞＞ 題材における主な学習内容，評価規準を示す。

9　本時の目標

(1) 全体目標

・作業手順に沿って作業を行うことができる。
・見聞きしたことや経験したこと，自分の意見などを相手に分かるように話すことができる。
・自分の役割を理解し，友達と協力して作業を行うことができる。

(2) 個々の目標

	これまでの様子	目標
A	・玉止めはできるようになったが，布から離れてしまうことが多く見られる。 ・自分の役割を理解し，積極的に行う様子が見られる。しかし，ものさしの扱いに慣れておらず，ものさしの目盛を見ながら長さを測定し，切ることに課題が見られる。 ・作業が終了した際に指導者に「できました。」と言うことはできるが，自分から指導者のところに報告に行くことはできていない。	○布にぴったりつくよう玉止めを行うことができる。 ○自分からBに「ここをもってほしい。」などの要求を伝え，2人で協力をして糸の長さをものさしを用いて測定し，切ることができる。 ○できたときに「できました。」，分からないときに「手伝ってください。」と手を挙げて意思表示を行い，指導者のところまで行き，報告・相談を行うことができる。
B	・針を刺した後に裏返さず，そのまま縫ってしまい，からまってしまうことが多い。また，印をよく見て縫おうとしているが，印からずれてしまうことがある。 ・本題材以前は，自分は「報告係」という意識をもつことはできていたが，自信がなく，指導者の顔を見ながら「○○分になりました。」と言っていた。 ・作業が終了した際に指導者に「できました。」と言うことはできていたが，自分から指導者のところに報告に行くことはできていない。	○針を刺した後に布を裏返して印からずれることなく，5ヵ所以上刺し子を行うことができる。 ○時計を見ながら，自分から作業の「終わり」の時間になったら，友だちに「○○分になりました。A君片付けてください。」と伝えることができる。 ○できたときに「できました。」，分からないときに「手伝ってください。」と指導者のところまで行き，報告・相談を行うことができる。

＞＞ 主体的活動を促す観点から自分から○○するという部分に重点を置き，目標を設定している。

10 準備物

針，刺繍糸，布，はさみ，糸通し，枠，ワークシート，刺し子検定評価表，役割の目標表，タブレット型端末

11 学習過程

過程	時間	学習活動	指導上の留意点（□課題，○支援，☆評価，◎評価方法）		
			A	B	全体
導入	10分	・始まりのあいさつを行う。 ・本時で行うことを確認する。 ・目標を設定する。	○前回の反省をふまえてさしこ検定評価表から目標を選んで設定させる。	○目標が思いつかない場合には，指導者がさしこ検定評価表の中から選択肢を提示する。 【生徒が自分で目標を立てることによって意欲を高めるようにしている。】	○「姿勢。」の掛け声で姿勢を正しているか日直に確認を行わせる。
展開	10分	・必要な道具の確認を行う。 ・道具の準備を行う。 ・作業を行う。刺し子	□布にぴったりつくよう玉止めを行う ○玉止めを行う際に爪で押さえるように伝える。 ☆布にぴったりつくよう玉止めを行うことができたか。 ◎製品 【生徒が自分で考えて行動し，なるべく少ない支援でできるように配慮を行っている。】 □糸の長さをものさしを用いて測定し，切る ○誰かに糸の端を押さえてもらわないとできない位の糸の長さを提示し，2人で協力する必然性をもたせる。 ☆自分からBに「ここをもってほしい。」などの要求を伝え，2人で協力をして糸の長さをものさしを用いて測定し，切ることができたか。 ◎発言・行動観察	□針を刺した後に布を裏返して印からずれることなく，5ヵ所以上刺し子を行う ○針を刺したら裏返すことを意識づけるためにそのまま縫おうとした際に「くるっ。」という言葉かけを行う。 ☆針を刺した後に布を裏返して印からずれることなく，5ヵ所以上刺し子を行うことができたか。 ◎製品 □時計を見ながら，自分から作業の「終わり」の時間になったら，友だちに「○○分になりました。A君片付けてください。」と伝える ☆時計を見ながら，自分から作業の「終わり」の時間になったら，友だちに「○○分になりました。A君片付けてください。」と伝えることができたか。 ◎発言	○生徒Aが必要な道具を絵カードを用いて生徒Bに提示する。 ○することが分からない生徒は最初の言葉を提示する。 ○刺し子が印からずれたときには，やり直させるように言葉掛けを行う。 ○Bに報告係をまかせ，作業時間が終わるときには「○○分になりました。片付けてください。」と伝えさせる。 ○片付けの見本を用意し，指定の片付け位置に片付けることができているか2人で確認をするように言葉掛けをする。

過程	時間	学習活動	指導上の留意点（ □ 課題, ○支援, ☆評価, ◎評価方法）		
			A	B	全体
			できたときに手をあげて「できました。」, 分からないときに「手伝ってください。」と指導者のところまで行き, 報告・相談を行う	できたときに「できました。」, 分からないときに「手伝ってください。」と指導者のところまで行き, 報告・相談を行う	○作業の様子をタブレット型端末で撮影しておき, 目標が達成されたかどうか, 振り返りの際に生徒同士で相互評価を行わせる。
			☆できたときに手をあげて「できました。」, 分からないときに「手伝ってください。」と指導者のところまで行き, 報告・相談を行うことができたか。 ◎発言・行動観察	☆できたときに「できました。」, 分からないときに「手伝ってください。」と指導者のところまで行き, 報告・相談を行うことができたか。 ◎発言・行動観察	
まとめ	10分	・作業日誌を記入する。 ・発表を行う。 ・終わりのあいさつを行う。	○今回の作業を受けて反省点を生かして次の授業の際の目標を決めるように言葉かけを行う。 【授業の反省を次時に生かすようにしている。】	○感想を書く際に手が止まっていたら選択肢を用意し, 選ぶように促す。 ○発表の際には, 役割の目標と刺し子についての目標に対する振り返りを行うように言葉かけを行う。	○頑張っていたところを具体的に評価し, 達成感をもたせる。 ○姿勢の掛け声で姿勢を正しているか日直に確認を行わせる。

12 授業評価の観点
(1) 生徒が主体的に課題を達成していたか。
(2) 生徒の課題設定は適切であったか。
(3) 目標設定は適切であったか。
(4) 支援の手立ては適切であったか。
(5) 活動量は適切であったか。

13 教室配置図

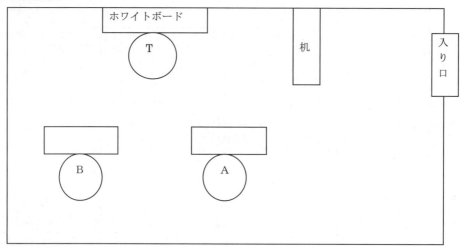

活動の設定の理由

① 目標設定

ねらい

　生徒の課題として，目標設定が毎回同じで，感想がいつも「がんばりました」で終わっていた。そのため，刺し子の技能をそれぞれの生徒に合わせて10段階に分け，生徒自身でどこができてどこができていないか分かりやすいよう表（刺し子検定評価表）に示した。1つの課題を達成することによって級が上がる仕組みである。この刺し子検定評価表を用いることによって自分で目標設定を行い，「前回はこの工程ができなかったから今回はこの工程ができるようになりたい」という思考や意欲を引き出すようにしている。

さしこ検定　評価表

月　　日（　　）

庄原特別支援学校中学部　生徒氏名（　　　　　　）先生

級	検定の流れ	項目番号	評価項目	評価内容
10〜1	準備・片付け	1	道具の準備	□さしこに必要な道具が準備できる。
		2	道具の片付け	□さしこの道具の片付けが決められた位置に片付けることができる。
	作業	3	糸通し	□針穴に糸を通すことができる。
		4	玉結び	□2つの糸をまとめて玉結びをすることができる。
		5	糸の調整	□2人で協力して決められた長さの糸を切ることができる。
		6	役割	□役割の目標を達成することができる。
		7	縫う	□印に沿って縫うことができる。
		8	玉止め	□布にぴったりつくように玉止めができる。
		9	安全	□針を使用しない時は針山にさすことができる。
	報告	10	報告・連絡・相談	□決められた作業が終わった時に「できました」、分からない時に「手伝ってください」と言うことができる。
				○の数　　　　　　　　　個

＜判定基準＞

○の数	1個	2個	3個	4個	5個	6個	7個	8個	9個	10個
級	10級	9級	8級	7級	6級	5級	4級	3級	2級	1級

今回の級

＜評価について＞

・評価項目ごとの評価内容を全てクリアすることで、課題に合格したものとし、評価の欄に○が付きます。

② 係活動

司会進行係

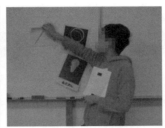
必要な道具の確認係

2人で協力して決められた長さに糸を切る係

③ 評価

タブレット型端末で振り返りを行っている様子

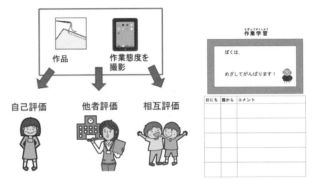

ねらい

　振り返りは，本時の目標（作業に対する目標と役割に対する目標）に即して行っている。作業に対する目標は，作品を見て目標を達成できているか評価を行っている。役割の目標に対しては，役割の様子をタブレット型端末で撮影しておき，振り返りの際に目標が達成できているか確認を行う。また，適切な評価を行うために自己評価，指導者からの他者評価，生徒同士で評価を行う相互評価など多様な評価を行っている。そのことによって，自己評価では，「できた」に○をつけていた生徒が，友達からの評価を受けて再度評価をし直すなどの様子が見られた。また，他者から認められる成功経験を増やし，自信をつけることをねらいとし，授業を参観された他のクラスの指導者や保護者に頑張っていたところを授業参観評価シートにコメントしてもらい，様々な人に評価をしてもらえる場面を設定している。

第1章 学習指導案から見る研究授業の工夫点

5 高等部（第1学年）・作業学習

1　日　時　　平成26年11月27日（木）12：50～13：40
2　場　所　　つどいの家（調理室及び食堂兼研修室）
3　学部，学年，学級　高等部第1学年　1名，第2学年　2名，第3学年　4名
4　単元名　　「調理・加工②」
5　年間指導計画
(1) ねらい
・働くことの意義について理解を深めさせるとともに，仕事に必要な力を確実に身に付けさせる。
・自分の仕事に責任をもたせ，協力して作業する場面を多く設定し，職業生活に必要なあいさつ，身支度，健康管理等の知識・理解を深めさせる。
(2) 計画
　　4月　　　　　　オリエンテーション
　　4月～10月　　　調理・加工①
　　10月　　　　　 にこにこ祭に向けて①（販売に向けて）
　　11月　　　　　 にこにこ祭に向けて②（製品準備）
　　11月～3月　　　調理・加工②
　　3月　　　　　　1年間のまとめ

6　単元設定の理由
(1) 生徒観
　対象となる学習集団は，知的障害のある生徒7名（療育手帳B　4名，Ⓑ　3名）である。
　生徒Aは広汎性発達障害，生徒Bは右手前腕に身体障害，生徒Gは情緒障害を併せ有している。知的障害の程度は軽度であるが，個別に配慮を要する。
　検査等による実態把握によると，生徒B，Eは視覚から情報を得ることの方が聴覚からよりも得意であることが分かった。他の5名の生徒は，視覚，聴覚から情報を得ることに優位差はないが，指示する際には，注意喚起を行った後に短く簡潔な言葉で伝えたり，視覚情報を併せて示したりすることで，より指示を理解しやすくなる生徒が多いことも分かった。また，手順を1つ1つ順を追って説明したり，個々の作業速度に応じて作業内容を設定し，繰り返し取り組ませたりすることも必要である。
　本学習集団の生徒は，全員音声言語によるコミュニケーションは可能で，生活に必要な簡単な言葉や会話の内容，言語指示は理解できている。しかし，言葉の意味を曖昧に理解している生徒や，言われたことの意図を理解した上に，判断し

たり説明したりすることは苦手な生徒がいる。また，適切な態度や言葉遣いで指導者に報告することにも課題がある。

　本単元においては，クッキー，カップケーキの製造や袋詰め等の製品化に継続的に取り組んでいる。<u>クッキー，カップケーキの製造については，調理道具の扱い等には慣れてきているが，衛生面では課題があり，ビニール手袋をしたときに材料以外の物に触れないこと等，引き続き指導が必要である。</u> ◀ **製品化における，技術面の課題**

　<u>作業手順は理解し，作業速度は速くなってきている。製品化の工程については，棒状のクッキー生地を一定の幅で切ることができるようになってきており，指定された個数の製品を袋に入れることは定着しているが，販売に適した製品を選別したり，包装用袋に表示ラベルをはったりする作業については，正確性や作業速度に個人差がある。</u>

　また，個々の生徒は作業内容を理解して取り組めているが，<u>困ったときや分からないときには，指導者に指示や支援を求める生徒が多く，生徒同士で協力したり相談したりして作業することに課題がある。</u> ◀ **生徒同士の関わりに関する課題**

(2) 単元観

　本単元では，知的障害者である生徒に対する高等部国語科，社会科，数学科，家庭科，職業科の内容及び学校の教育活動全体を通じて行う自立活動の指導として，次の内容を取り扱う。

	第1学年	第2, 3学年
国語科	1段階 (1)　話の内容の要点を落とさないように聞き取る。 1段階 (2)　目的や立場に応じて要点を落とさないように話す。	2段階 (1)　話し手の意図や気持ちを考えながら，話の内容を適切に聞き取る。 2段階 (2)　自分の立場や意図をはっきりさせながら，相手や目的，場に応じて適切に話す。
社会科	1段階 (1)　相手や自分の立場を理解し，互いに協力して役割や責任を果たす。	2段階 (2)　個人と社会の関係が分かり，社会の一員としての自覚をもつ。
数学科	1段階 (1)　日常生活に必要な数量の処理や計算をする。 1段階 (2)　長さ・重さなどの単位の関係が分かり，測定する。	2段階 (1)　生活に必要な数量の処理や計算をする。 2段階 (2)　長さ・重さ・量などの測定方法を理解し，活用する。
家庭科	1段階 (3)　家庭生活で使用する道具や器具などの正しい使い方が分かり，安全や衛生に気を付けながら実習をする。 1段階 (4)　被服，食物，住居などに関する実習を通して，実際的な知識と技能を習得する。	2段階 (3)　家庭生活で使用する道具や器具を効率的に使用し，安全や衛生に気を付けながら実習をする。 2段階 (4)　被服，食物，住居などに関する実習を通して，健康で安全な生活に必要な実際的な知識と技能を習得する。

	第1学年	第2, 3学年
職業科	1段階 (1) 働くことの意義を理解し，作業や実習に取り組み，働く喜びを味わう。 1段階 (2) 道具や機械の操作に慣れるとともに，材料や製品の扱い方を身に付け，安全や衛生に気を付けながら作業や実習をする。 1段階 (3) 自分の分担に責任をもち，他の者と協力して作業や実習をする。 1段階 (4) 適切な進路選択のために，いろいろな職業や職業生活について知る。 1段階 (6) 職業生活に必要な健康管理や余暇の有効な過ごし方が分かる。	2段階 (1) 働くことの意義について理解を深め，積極的に作業や実習に取り組み，職場に必要な態度を身に付ける。 2段階 (2) いろいろな道具や機械の仕組み，操作などを理解し，材料や製品の管理を適切に行い，安全や衛生に気を付けながら正確に効率よく作業や実習をする。 2段階 (3) 作業の工程全体を理解し，自分の分担に責任をもち，他の者と協力して作業や実習をする。 2段階 (4) 職業生活に必要な実際的な知識を深める。 2段階 (6) 職業生活に必要な健康管理や余暇の計画的な過ごし方についての理解を深める。
自立活動	5　身体の動き (5) 作業に必要な動作と円滑な遂行に関すること。 6　コミュニケーション (5) 状況に応じたコミュニケーションに関すること。	

　本単元では，販売に向けたクッキー，カップケーキの製造や，製品の選別，袋詰め，包装用袋への表示ラベルはり等の製品化の作業に取り組む。

　クッキー及びカップケーキは，材料を計量し，攪拌して生地を作り，それを切ったり成形し，焼いて製造する。使う材料の種類が少なく，手順も単純で生徒にとって理解しやすい。デジタル秤や泡立て器，ゴムべら，包丁等，基本的な調理器具の扱い方を習得することもできる。製品の選別では，見本と比較して，大きさや形，色等を判断する力を付けることができる。 ◀ **製品化の技術の向上が期待できる**

　袋詰めの工程では，指定された枚数のクッキーを入れたり，製品の数を管理したりする作業があるため，正確に数量を数えたり計算したりする力を，包装用袋に表示ラベルをはる作業では，見本と同じ場所にラベルをはる必要があり，手指の巧緻性や目と手を協応させながら作業する力を高めることが期待される。

　また，小グループを編成して作業するため，生徒同士が相談して役割を分担したり，分からないときには尋ねたりする等，協力して作業する場面を設定することができる。 ◀ **生徒同士の関わりを引き出す**
　製品化の工程では，製品の選別，袋詰め，完成品の個数管理を分担して行うため，担当グループ同士で進捗状況を確認，連絡し合う等，コミュニケーションの力を高めることができると考える。

(3) 指導観
　指導に当たっては，生徒が手順を理解し主体的に作業で

きるよう，視覚的に分かりやすい手順書を提示している。クッキー及びカップケーキの製造では，材料や工程を写真で示したり，重要な事項を太字にしたり，枠で囲ったりして示す。また，グループの中で役割分担ができるよう，工程を分割し，担当者名を記入できるよう様式を工夫する。

　クッキー生地を成形する工程では，決められた幅，長さに成形できるよう専用の型を，棒状のクッキー生地を包丁で切る工程では，一定の幅で切ることができるよう，専用のものさしを使用させるようにする。

　製品化においても，手順を短い言葉で簡潔に示した手順書を提示するようにする。

　包装用袋に表示ラベルをはる工程では，見本を作業台に固定し，その上に袋を置き，見本と同じ位置にラベルをはることができるようにする。

　また，生徒同士で相談しながら作業を進められるよう，指導者の立ち位置は生徒から一定の距離をとり，指示や支援は最小限にする。自分から他者に相談することが苦手な生徒には「相談しようカード」，他者が困っているときに言葉かけをすることが苦手な生徒には「大丈夫？カード」を手順書と併せて提示することで，作業中も目で見て確認し，自発的な行動の手掛かりにできるようにする。これらの手立てにより，他者と協力しながら生徒自身の力で課題をやり遂げる充実感や達成感を味わわせ，自己肯定感を高められると考える。

　作業後に生徒が自らの作業を振り返り，次の目標を設定する際の参考にできるよう，個々の生徒の良かった点，課題点を記録しながら見守るようにする。また，グループ間でやりとりする場面を設定する。クッキー，カップケーキの製造においては，材料や道具のやりとりをする場面を設定し，製品化の工程においては，表示ラベルをはり終えた包装用袋を，袋詰め担当のグループに渡す等，グループ間で連携して作業を進められるようにする。

　毎時間，生徒が目標を意識して作業し，作業後に振り返って評価できるよう，作業日誌を活用する。

　目標は，グループ目標と個人目標を設定させるようにする。目標をグループの生徒同士で考えたり伝え合ったり，ホワイトボードに記入したりすることで，作業後には達成度を確認し合うように指導する。生徒の実態に応じて，指導者が作業時の良かった点，課題点を日誌に記入し，それを振り返りの参考にできるようにする。指導者による記入

- 生徒同士の関わりを促す配慮
- 正確な製品づくりのための配慮
- 生徒同士の関わりを促す配慮
- 生徒同士の関わりを促す配慮
- 生徒自身が活動を振り返り，目標管理をすることができる工夫

がなくても自らを振り返ることができる生徒については，授業後に指導者のコメントを記入し，次時の目標設定の際に活用できるようにする。日誌の様式も，課題点を次時の目標設定に活かせるように工夫する。また，作業終了時や日誌記入後には指導者への報告を徹底し，報告時の態度や言葉遣いについても指導するようにする。

7　単元の目標

第1学年
(1)　自分のやってみたい仕事が分かる。
(2)　仕事の段取りを自分でたてて作業をする。
(3)　生産工程で仕事を分担していることが分かる。
(4)　規格とおりの製品を作成する。
(5)　危険が分かり，道具や機械や材料を注意して扱う。
(6)　職場で必要とされる言葉遣いをする。
(7)　報告や相談などを伝える。
(8)　仕事に係る日誌などをつける。

第2学年
(1)　自分がどういう仕事に向いているかが分かる。
(2)　急な予定変更や段取りの変更にも対応する。
(3)　作業工程の中で周囲の人と協力して責任を持って最後までやり遂げる。
(4)　道具や機械を正しく安全に扱う。
(5)　敬語や丁寧語などを適切に使用する。
(6)　要点を落とさないように報告や相談などをする。
(7)　仕事に係る日誌などに自分で適切な目標を立てて取り組む。

第3学年
(1)　勤労への意欲ややりがいをもって作業をする。
(2)　締め切りや納期を意識して作業をする。
(3)　作業工程の中で，率先して作業を進める。
(4)　道具や機械に不具合などがあった場合には，適切に処理する。
(5)　敬語や丁寧語などを適切に使用する。
(6)　自分から進んで，要点を落とさないよう報告や相談などをする。
(7)　仕事に係る日誌などに自分で適切な目標を立てて取り組む。

8　指導と評価の計画（全54時間）

次	時数	学習内容	評価規準	関	思	技	知	評価方法
2	8	クッキーの製品化 ・棒状の生地を切る。 ・オーブンで焼く。 ・包装用袋に表示ラベルをはる。 ・焼いたクッキーを選別し、袋詰めをする。 （本時　3/8）	・包丁を使って、ものさしの目盛りと同じ幅で、棒状のクッキー生地を真っ直ぐ切ることができる。（家庭1段階3，家庭2段階3）			○		行動観察 製品の状態
			・見本を手がかりにし、販売に適した大きさ、形のクッキーを選別することができる。（職業1段階1，2段階1）		○	○		行動観察 製品の完成度
			・包装用袋にクッキーを5枚入れることができる。（数学1段階1，2段階1）			○	○	行動観察 製品の完成度
			・包装用袋の見本と同じ位置に、表示ラベルをはることができる。（職業1段階1，2段階1）			○		包装用袋の完成度
			・製品や表示ラベルをはった包装用袋の数を正確に数えることができる。（数学1段階1，2段階1）				○	行動観察
			・生徒同士で分からないことを相談したり、協力したりしながら作業をすることができる。（職業1段階3，2段階3）	○	○			行動観察
			・作業終了時や日誌記入後等に、適切な態度、言葉遣いで指導者に報告することができる。（国語1段階2，2段階2）	○	○			行動観察

9　本時の目標

(1) 全体目標

・作業内容を理解し、手順にそって正確に作業することができる。
・生徒同士で分からないことを相談したり、協力したりしながら作業することができる。

(2) 個々の目標

	これまでの様子	目標
A	・気持ちが不安定になると作業に集中しにくくなる。 ・クッキーの選別の正確性には課題がある。袋の口を閉じるとき、斜めになることがある。 ・分からないとき、自分から他の生徒に尋ねることが難しく、行動が止まってしまうことがある。	・作業時間内は集中して、見本を手がかりにしたり他者に相談したりしてクッキーを選別することができる。また、袋の口を、袋の下辺と合わせて真っ直ぐに閉じることができる。 ・困ったときには、生徒Bに自分から尋ねたり、必要な場面では生徒Bの作業を手伝ったりすることができる。
B	・急いで作業することが多く、作業全般において正確さや丁寧さに課題がある。 ・クッキーの選別は概ね適切にできるが、焦ると正確さに欠けることがある。袋の口を閉じるとき、しわになることがある。 ・他の生徒の様子を見て、言葉かけができることがある。必要な支援は求めることができる。	・袋の口をしわにならないよう、袋の下辺と合わせて閉じ、あらかじめ設定した目標個数の製品を作ることができる。 ・生徒Aの様子を気にかけ、必要に応じて言葉かけをする等、協力して作業することができる。
C	・表示ラベルを正しい位置にはることができるようになりつつある。袋の枚数を数える際、正確に数えられないことがある。 ・他の生徒を気に掛けて言葉をかけることができるが、相手によっては遠慮してしまうことがある。	・見本と同じ位置に表示ラベルをはることができる。表示ラベルをはった、包装用袋の数を正確に数えることができる。 ・生徒Dを気にかけ、困っていたら自分から言葉をかけることができる。

	これまでの様子	目　標
D	・表示ラベルは概ね正しい位置にはることができるが，位置がずれるとはり直してしまうことがある。また，作業速度に課題があり，他者より時間がかかってしまうことが多い。 ・困ったときに自分から他者に尋ねることが難しい。また，必要事項を言葉で伝えるのに時間がかかることが多い。	・はり直すことなく，あらかじめ設定した枚数のラベルを，見本と同じ位置にはることができる。 ・困ったときには，生徒Cに尋ねたり，必要なことを言葉で伝えたりすることができる。
E	・棒状のクッキー生地を切る作業は概ね正確に行うことができるが，斜めに切ってしまうことがある。 ・他の生徒を気にかけているが，すぐに言葉で伝えることが難しいことがある。	・棒状のクッキー生地にものさしの目盛りと同じ幅の印を付け，印の通りに垂直に包丁で切ることができる。 ・生徒F，Gの様子を気にかけ，困っていたら自分から言葉をかけることができる。
F	・欠席が多いため，手順を十分に覚えておらず，自発的に作業することが難しい。生地を切る作業は，作業前に手順を一通り説明すると，手順を思い出して取り組むことができる。 ・指示を受けるまで行動が止まってしまうことが多い。分からないとき，自分から尋ねることは難しい。	・一度説明を受けた後，1人でものさしの目盛りと同じ幅で，棒状のクッキー生地を切ることができる。 ・生徒E，Gの行動を手掛かりにして，やるべきことを考えて作業したり，言葉かけに対して答えたりすることができる。
G	・棒状のクッキー生地を切る作業では，ものさしを使っても切る生地の幅が広くなったり狭くなったりすることがある。 ・困ったときに自分から他の生徒に相談することが難しく，指導者に尋ねたり行動が止まってしまったりすることがある。	・棒状のクッキー生地を，一定の幅で切ることができる。 ・困ったときには，生徒E，Fに相談したり，必要な場面で言葉かけをしたりすることができる。

10　準備物

白衣，マスク，帽子，使い捨て手袋，作業用靴，クッキー生地，まな板，包丁，クッキー製造用ものさし，クッキー厚さ見本，布巾，包装用袋，表示ラベル，バット，ざる，作業日誌，筆記用具，ミーティング進行表，作業別手順書，「相談しようカード」，「大丈夫？カード」

11　学習過程

後掲（p.98～）

12　授業評価の観点

(1) 児童生徒が主体的に課題を達成していたか。
(2) 児童生徒の課題設定は適切であったか。
(3) 目標設定は適切であったか。
(4) 支援の手立ては適切であったか。
(5) 活動量は適切であったか。

13 教室配置図

〔食堂兼研修室〕

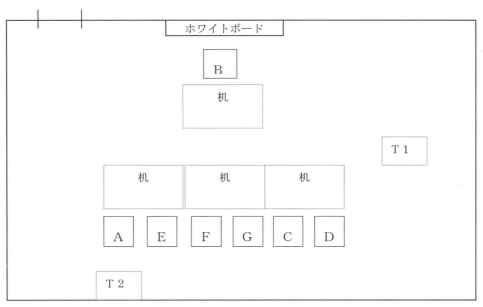

〔調理室〕

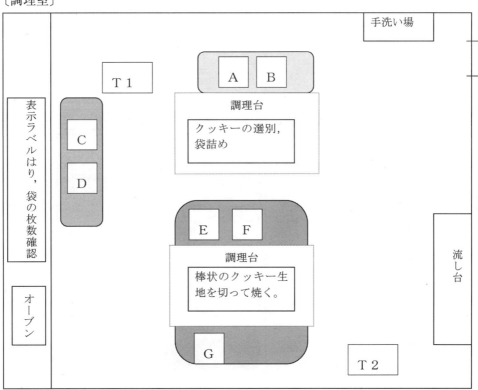

11 学習過程

過程	時間	学習活動	指導上の留意点（ ☐ 課題，○支援，☆評価，◎評価方法）		
			A	B	C
導入	10分	はじめのあいさつをする。	時間内に集合し，起立してあいさつすることができる。		
		作業前のミーティングをする。	自分のグループの作業内容をホワイトボードに書くことができる。	進行表を見ながら司会をすることができる。	自分のグループの作業内容をホワイトボードに正しく書くことができる。
			☆担当する作業内容を書くことができたか。 ◎行動観察，ホワイトボードへの記入内容	☆進行表にそって，大きな声で司会をすることができたか。 ◎行動観察	☆担当する作業内容を，誤字，脱字なく正しく書くことができたか。 ◎行動観察，ホワイトボードへの記入内容
		作業日誌に記入，報告し，グループ内の生徒と目標を伝え合う。また，ホワイトボードにも記入する。	本時の作業内容，目標を記入し，適切な態度，言葉遣いで指導者に報告することができる。また，ホワイトボードにも記入することができる。	本時の作業内容，目標を記入し，指導者に報告することができる。また，ホワイトボードにも記入することができる。	本時の作業内容，目標を記入し，自分から指導者に報告することができる。また，ホワイトボードにも記入することができる。
			☆指導者の言葉かけがなくても自分で目標を考えて記入し，指導者に正対して敬語で報告したり，ホワイトボードに記入したりすることができたか。 ◎行動観察，日誌の内容	☆前時までの記入内容を参考にして，自分で目標を考え，指導者に報告したり，ホワイトボードに記入したりすることができたか。 ◎行動観察，日誌の内容	☆前時までの記入内容を参考にして，自分で目標を考え，指導者に報告したり，ホワイトボードに記入したりすることができたか。 ◎行動観察，日誌の内容
展開	30分	身支度，手洗いをし，作業をする。	クッキーの選別，袋詰め		表示ラベルはり，
			作業時間内は持ち場を離れず，クッキーを選別したり，袋の口を真っ直ぐに閉じたりすることができる。	袋の口をしわにならないよう，袋の下辺と合わせて閉じ，あらかじめ設定した目標個数の製品を作ることができる。また，生徒Aと製品の完成度を確認することができる。	見本と同じ位置に表示ラベルをはり，袋の枚数を正確に数えることができる。
			☆作業場所を離れず，集中して見本を手がかりにしたり，生徒Bと相談したりしてクッキーを選別することができたか。また，袋の口を，真っ直ぐ閉じることができたか。 ◎行動観察，製品の完成度	○手順書に，製品の完成度について生徒Aと確認することを記述する。 ☆目標個数の袋の口をしわにならないよう，袋の下辺と合わせて閉じることができたか。また，生徒Aと一緒に製品の完成度を確認することができたか。 ◎行動観察，製品の完成度	○正しい位置に表示ラベルをはった袋を見本として示す。 ○枚数確認の際には，10枚ずつのかたまりを作るよう手順書で指示する。 ☆見本と同じ位置に，表示ラベルをはることができたか。また，表示ラベルをはった袋の枚数を正確に数えることができたか。 ◎行動観察，製品の完成度

> 手順に組み込むことで，生徒同士のやりとりを促す

指導上の留意点（ 　　　課題, ○支援, ☆評価, ◎評価方法）					
D	E	F	G		全体
時間内に集合し，起立してあいさつすることができる。					○グループのメンバーの写真カードを使用し，作業内容は簡潔に分かりやすく提示する。 ○担当作業が終わったら，材料の在庫確認，清掃等の作業に取り組むことを伝える。 ○作業時の留意点として，困ったときには生徒同士で相談することを確認する。 ○T1はできるだけ移動せず，生徒からの報告を待つ。
健康観察では，大きな声で健康状態を答えることができる。 ☆他者に聞こえる大きさの声で，健康状態を言うことができたか。 ◎行動観察	活動時の留意点について，指導者からの質問に答えることができる。 ☆質問に対し，分からないときにはまず生徒同士で話し合うということを答えることができたか。 ◎行動観察	司会者の話を聞いたり，健康状態を答えたりすることができる。 ☆司会者に注目して話を聞いたり，健康状態を言ったりすることができたか。 ◎行動観察	自分のグループの作業内容をホワイトボードに書くことができる。 ☆担当する作業内容を，誤字，脱字なく書くことができたか。 ◎行動観察，ホワイトボードへの記入内容 【担当作業終了後に，生徒同士で考え，相談し，次にやることを決定するための手掛かりとする。】		
支援がなくても，本時の作業内容，目標を記入し，自分から指導者に報告することができる。また，ホワイトボードにも記入することができる。 ☆指導者の言葉かけがなくても自分で記入し，促さなくても報告したり，ホワイトボードに記入したりすることができたか。 ◎行動観察，日誌の内容	本時の作業内容，目標を記入し，指導者に報告したり，生徒F，Gに目標を伝え合うことを促すことができる。また，ホワイトボードにも記入することができる。 ☆前時までの記入内容を参考にして，自分で目標を考え，指導者に報告したり，ホワイトボードに記入することができたか。生徒F，Gの様子を気にかけ，目標を伝え合うよう言葉かけをすることができたか。 ◎行動観察，日誌の内容	本時の作業内容，目標を記入し，指導者に報告することができる。また，ホワイトボードにも記入することができる。 ○前時の日誌を見るよう促したり，目標設定のキーワードを確認したりする。(T2) ☆指導者の助言を参考にして目標を記入し，自分から報告したり，ホワイトボードに記入したりすることができたか。 ◎行動観察，日誌の内容	本時の作業内容，目標を記入し，指導者に報告することができる。また，ホワイトボードにも記入することができる。 ☆前時までの記入内容を参考にして，自分で目標を考え，指導者に報告したり，ホワイトボードに記入したりすることができたか。 ◎行動観察，日誌の内容		
包装用袋の枚数確認	棒状のクッキー生地を切って焼く				○指導者は，生徒から離れたところから見守る。個々の生徒の良い点，改善点を記録する。 ○担当する作業が終わったグループには，材料の在庫確認，清掃等の中から，次に何をすれば良いのか考えさせる。
はり直すことなく，あらかじめ設定した目標枚数のラベルを，見本と同じ位置にはることができる。 ○正しい位置に表示ラベルをはった袋を見本として示す。 ☆はり直すことなく，あらかじめ設定した目標枚数のラベルを，見本と同じ位置にはることができたか。 ◎行動観察，製品の完成度	棒状のクッキー生地にものさしの目盛りと同じ幅の印を付け，印の通りに垂直に包丁で切ることができる。 ○ものさしを使って，生地の上端から下端まで印を付けるよう指導する。 ☆ものさしを使って一定の幅で生地に印を付け，印の通りに垂直に包丁で切ることができたか。 ◎行動観察，製品の完成度	一度説明を受けた後，1人でものさしの目盛りと同じ幅で，棒状のクッキー生地を切ることができる。 ○作業前に，一度作業手順について説明する。(T2) 【作業内容は同じであるが，実態により，使用する道具を変えている。】 ○必要に応じて，他者の作業に目を向けさせ，自発的な行動を促す。(T2) ☆言葉かけがなくても，1人でものさしの目盛りと同じ幅で，クッキー生地を切ることができたか。 ◎行動観察，製品の完成度	棒状のクッキー生地を，一定の幅で切ることができる。 ○1枚ずつ正確な印を付けられるよう，クッキー厚さ見本を使用させる。 ☆クッキー厚さ見本と同じ幅で生地に印を付け，切ることができたか。 ◎行動観察，製品の完成度		

11　学習過程

過程	時間	学習活動	指導上の留意点（☐課題，○支援，☆評価，◎評価方法）		
			A	B	C
展開	30分		☐分からないときには生徒Bに自分から相談したり，必要な場面では生徒Bの作業を手伝ったりすることができる。○指導者に質問してきたときには，生徒Bと相談するよう促す。○あらかじめ「相談しようカード」を提示しておく。☆自分から生徒Bに相談したり，必要な場面では生徒Bの作業を手伝ったりすることができたか。◎行動観察	☐生徒Aの様子を気にかけ言葉かけをし，協力して作業することができる。☆生徒Aが困っているときには，アドバイスしたり必要なことを話し合ったりして作業することができたか。◎行動観察	☐生徒Dの様子を気にかけ，困っているときには言葉かけをし，協力して作業することができる。○あらかじめ「大丈夫？カード」を提示しておく。☆生徒Dに自分から言葉をかけたり，手伝ったりすることができたか。◎行動観察
		片付けをする。	☐言葉かけがなくても，道具を洗ったり，拭いたり，片付けたりすることができる。☆食器ふき布巾を選び取り，道具を拭いたり，片付けたりすることができたか。◎行動観察，道具や調理台の状態	☐使った道具を洗ったり，拭いたり，片付けたりすることができる。☆洗い残し，すすぎ残しがないよう道具を洗ったり，拭いたりすることができたか。◎行動観察，道具や調理台の状態	☐袋や表示ラベルを片付けたり，ごみを捨てたりすることができる。☆袋や表示ラベルを所定の位置に片付けたり，作業台のごみを残らず捨てたりすることができたか。◎行動観察，作業台の状態
まとめ	10分	個人やグループ内の生徒同士で作業を振り返って日誌に記入し報告する。	☐生徒Bと目標の達成度を確認し合って記入したり，次時で頑張ることを適切に記入したりし，指導者に報告することができる。☆生徒Bと目標の達成度を確認し合ったり，次時の作業内容に即して頑張ることを記入し，指導者に正対して報告することができたか。◎行動観察，日誌の内容	☐生徒Aと目標の達成度を確認し合い，次時で頑張ることを記入することができる。☆生徒Aと目標の達成度を確認し合ったり，次時の作業内容に即して頑張ることを記入したりすることができたか。◎行動観察，日誌の内容	☐生徒Dと目標の達成度を確認し合ったり，頑張ったこと，次時で頑張ることを考えて記入したりすることができる。☆生徒Dと目標の達成度を確認し合ったり，次時の作業内容に即して頑張ることを記入したりすることができたか。◎行動観察，日誌の内容
		作業後のミーティングをする。	☐正しい姿勢で，日誌に記入した内容を発表することができる。☆机に寄りかからず正しい姿勢で，日誌に記入した内容を発表することができたか。◎行動観察	☐他者の発表を落ち着いて聞くことができる。☆ファイルや筆箱等に触れたりせず，他者の発表を聞くことができたか。◎行動観察	☐日誌に記入した内容を，正確に発表することができる。☆日誌に記入した内容を，読み間違えることなく発表することができたか。◎行動観察
		終わりのあいさつをする。	☐号令に合わせて起立し，「お疲れ様でした」		

指導上の留意点（ □ 課題，○支援，☆評価，◎評価方法）				
D	E	F	G	全体
分からないときには生徒Cに尋ねたり，必要なことを自分から言葉で伝えたりすることができる。	生徒F, Gの様子を気にかけ，言葉かけをして協力して作業することができる。	生徒E, Gと同じように作業したり，生徒E, Gからの言葉かけに答えたりすることができる。	分からないときには生徒E, Fに尋ねたり，生徒Fの様子を気にかけ言葉かけをしたりすることができる。	
☆困ったときには生徒Cに尋ねたり，言葉かけに対する答えを言葉で伝えたりすることができたか。 ◎行動観察	○あらかじめ「大丈夫?カード」を提示しておく。 ☆生徒F, Gの様子を気にかけ，自分から言葉かけをしたり，手伝ったりすることができたか。 ◎行動観察	○自発的な行動が見られないときには，他者の行動に目を向けさせたり，相談したりするよう促す。(T2) ☆生徒E, Gと同じように作業したり，言葉かけに対して言葉で答えたりすることができたか。 ◎行動観察	○あらかじめ「相談しようカード」を提示しておく。 ☆分からないときに，生徒E, Fに尋ねたり，生徒Fに自分から言葉かけをしたりすることができたか。 ◎行動観察	
言葉かけがなくても，袋や表示ラベルを片付けたり，ごみを捨てたりすることができる。	使った道具を洗ったり，拭いたり，片付けたりすることができる。	生徒E, Gと一緒に，使った道具を洗ったり，拭いたり，片付けたりすることができる。	使った道具を洗ったり，拭いたり，片付けたりすることができる。	
☆言葉かけがなくても，生徒Cの行動等を手がかりにして袋や表示ラベルを片付けたり，作業台のごみを残らず捨てたりすることができたか。 ◎行動観察，作業台の状態	☆洗い残し，すすぎ残しがないよう道具を洗ったり，拭いたりすることができたか。 ◎行動観察，道具や調理台の状態	☆生徒E, Gの行動を見たり言葉かけを受けたりして，道具を洗ったり，拭いたりすることができたか。 ◎行動観察，道具や調理台の状態	☆洗い残し，すすぎ残しがないよう道具を洗ったり，拭いたりすることができたか。 ◎行動観察，道具や調理台の状態	
生徒Cと目標の達成度を確認し合い，日誌に記入し，自分から指導者に報告することができる。	生徒F, Gと目標の達成度を確認し合い，次時で頑張ることを具体的に記入したりすることができる。	生徒E, Gと目標の達成度を確認し合って記入したり，自分から指導者に報告したりすることができる。	生徒E, Fと目標の達成度を確認し合ったり，次時で頑張ることを適切に記入したりすることができる。	○特に，次時で頑張ることの記入内容を確認し，必要に応じて助言する。 ○日誌記入前に，次時の作業内容を伝える。
☆生徒Cと目標の達成度を確認し合ったり，記入後には自分から指導者に報告したりすることができたか。 ◎行動観察，日誌の内容	☆生徒F, Fと目標の達成度を確認し合ったり，次時の作業内容に即して頑張ることを具体的に記入したりすることができたか。 ◎行動観察，日誌の内容	○必要に応じて，記入する欄や記入内容について助言する。(T2) ☆生徒E, Gと目標の達成度を確認し合って記入したり，言葉かけがなくても指導者に報告したりすることができたか。 ◎行動観察，日誌の内容	☆洗い残し，すすぎ残しがないよう道具を洗ったり，拭いたりすることができたか。 ◎行動観察，道具や調理台の状態	
日誌に記入した内容を，大きな声で発表することができる。	日誌に記入した内容を，大きな声でゆっくりと発表することができる。	日誌に記入した内容を，1人で発表することができる。	日誌に記入した内容を，大きな声で発表することができる。	
☆日誌に記入した内容を，他者に聞こえる声の大きさで発表することができたか。 ◎行動観察	☆日誌に記入した内容を，早口にならないようにゆっくりと発表することができたか。 ◎行動観察	☆言葉かけがなくても，日誌に記入した内容を発表することができたか。 ◎行動観察	☆日誌に記入した内容を，大きな声で発表することができたか。 ◎行動観察	
とあいさつをすることができる。				

活動の設定の理由

① クッキーの選別，袋詰め

活動の概要

・焼き上がったクッキーを，見本と見比べ，販売できるものとそうでないものとに分ける。
・選別したクッキーを，5枚ずつ袋に詰め，袋の口を真っ直ぐ閉じる。

ねらい

・見本のクッキーと比較して，大きさや形，色等を判断し，選別することができる。
・販売に適しているかどうか，生徒同士で話し合うことができる。
　※自分から他の生徒に相談することが苦手な生徒には，あらかじめ手順書に「グループの人に相談する」という行動を組み込んでおく。
・袋詰めでは，袋の口を真っ直ぐに閉じることができる。

② 表示ラベルはり，包装用袋の枚数確認

> 活動の概要

・包装用袋の指定された位置に表示ラベルをはる。その後は，袋の枚数を数える。

> ねらい

・包装用袋の指定された位置に表示ラベルをはることができる。
・正確に包装用袋の枚数を数えることができる。
　※数量の確認が苦手な生徒がいるグループに，この活動を設定している。手順書に２人で確認しながら作業することを記入し，生徒同士の関わりを促している。

③　棒状のクッキー生地を切って焼く

 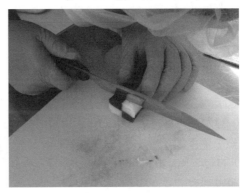

> 活動の概要

・冷凍した棒状のクッキー生地を，ものさしの目盛りと同じ幅で切る。最初に，目盛りにそって印を付け，その後，印にそって包丁で切る。
・切ったクッキーを天板に並べ，オーブンで焼く。

> ねらい

・棒状のクッキー生地を，ものさしの目盛りと同じ幅で切ることができる。
　※作業手順等をグループ内の生徒同士で相談するよう，あらかじめ手順書で指示しておく。

④ 生徒自身による目標管理

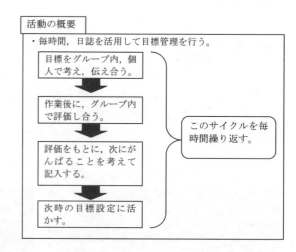

ねらい

・個人,グループの生徒同士で自己評価,相互評価し,それをもとに次時の目標設定をすることができる。

・自己評価,相互評価を通して自らの課題を理解し,適切な目標を設定して活動に取り組むことができる。

第1章 学習指導案から見る研究授業の工夫点

6 高等部（第3学年）・作業学習

1　日　　時　　平成26年9月19日（金）3校時（11：00～11：50）
2　場　　所　　広島県立庄原特別支援学校　パソコン室
3　学部，学年，学級　高等部，第3学年，1組（単一障害学級類型Ⅰ　8名）
4　題材名　　技能検定に向けて（ワープロ分野）
5　年間指導計画
（1）ねらい
　さまざまな作業活動を通して，働く意欲を培い，職業生活や自立生活に応用できる力を付ける。
（2）計画
　4月～3月「技能検定に向けて（ワープロ分野）」　全58時間
6　題材設定の理由
（1）生徒観
　対象学級は，知的障害がある生徒8名（男子3名，女子5名）で編制されている。理解している言語数が少ないことや正しい文章等で話すことに課題はあるが，全生徒が言葉での指示理解ができ，見通しをもつことのできる手順表や場面場面での言葉かけ，視覚的支援等が少しあれば1人でさまざまなことに取り組むことができる。　　　　【課題】

　本校で実施したフォーマルアセスメントの結果，説明や指示を言葉で1つずつ順を追って定義付けしながら行うことでより理解しやすい生徒と言葉での説明や指示と同時に視覚的な手がかりを用いたり，具体物を使用したりするとより理解がしやすい生徒がいるということが分かった。

　8名とも高等部1年生からさまざまな活動等に取り組み，力を付けてきているが自らの活動等を振り返り，改善点を導き出し，次に生かすということに弱さがあると感じている。これまでこのような経験が不足していることや自らの考えなどを導き出すまでに時間がかかったり，考え，判断したことを行動に移すのがゆっくりであったりしたために，指導者や周りの大人の支援，導きに従うことが多かったのが理由ではないかと考えている。　　　　【メイン課題】

　本題材に関して10分間の「速度」では，200文字程度から400文字程度の入力ができ，20分間の「文書作成」では，7割から10割の入力ができる。それぞれ特別支援学校ワー

プロ技能検定や日本情報処理検定協会日本語ワープロ検定での級取得に向けて取り組んでいる。

(2) 単元観

本題材では，知的障害者である生徒に対する教育を行う特別支援学校の高等部国語科2段階(1)「話し手の意図や気持ちを考えながら，話の内容を適切に聞き取る。」や国語科2段階(3)「目的や意図などに応じて文章の概要や要点などを適切に読み取る。」，職業科2段階(1)「働くことの意義について理解を深め，積極的に作業や実習に取り組み，職場に必要な態度を身に付ける。」，職業科2段階(7)「職場で使われる機械やコンピュータ等の情報機器などの操作をする。」とともに，学校の教育活動全体を通じて行う自立活動の指導として，身体の動き(5)「作業に必要な動作と円滑な遂行」を取り扱う。

本学習集団の生徒にとって本題材では，<u>自らのキーボードでの入力作業を自己採点し，振り返る場面を設定することで，自らの作業活動の結果から改善点を思考・判断する必要性を仕組みやすい</u>。このような経験が少ない生徒たちにとっては，自己採点する活動等を繰り返すことで自らを振り返り，次に繋げていく力が育成され，本学習集団の課題の改善にもつながると考える。

また，<u>「速度」や「文書作成」問題に触れることで理解言語を増やす取組</u>にもなると考える。

▶ メイン課題の改善に向けてのアプローチ

▶ 課題の改善に向けてのアプローチ

(3) 指導観

本時の指導に当たっては，<u>前時に生徒が思考した改善点等から本時の自らの目標を決め，発表する場面を設定</u>する。指導者T1，T2はともに，見守りを基本として，入力や採点方法について生徒からの要求があった場合のみ支援する。まとめの時間には，それぞれへの評価と技能習得に必要なアドバイス等を生徒へ行う。

▶ メイン課題の改善に向けてのアプローチ

このように本学習集団の課題である思考・判断することや職場等での活用を目指した技能の向上へ向け，授業を進める。

授業内では，見通しをもてるよう活動の手順や全体の目標等を言葉のみでなく，文字等で提示する。これまでの回答用紙を保管できるファイルを準備し，回答用紙には，次回への改善点を記入させる。また，良い点を中心に称賛していきながら適切な行動や技能，発言を強化させる。

これらの活動を繰り返し経験させることで，本題材の最終目標である特別支援学校ワープロ技能検定及び日本情報処理

検定協会日本語ワープロ検定での目標とする級取得や職業生活，自立生活に必要な力を引き出したいと考えている。

7　題材の目標

（1）特別支援学校ワープロ技能検定や日本情報処理検定協会日本語ワープロ検定等に向けて，「速度」及び「文書作成」でMicrosoft Word（ワード）を活用して正確に文字等を入力することができる。（技能）

（2）培った技能を職場等で活用することを目指しながら主体的に作業に取り組み，職業生活や自立生活で必要な力を身に付けることができる。（関心・意欲・態度）

（3）技能の向上を目指して，Microsoft Word（ワード）の操作方法や入力方法，次回への改善点を見つけ出すために「速度」及び「文書作成」の採点方法を知ることができる。また，「速度」や「文章作成」問題の入力に取り組む中で理解できる言語や文章を増やすことができる。（知識・理解）　← 課題の改善に向けての目標

（4）「速度」及び「文書作成」の自己採点後，自らで思考・判断し，次回へ向けた改善点を見つけることができる。また，見つけ出した改善点を次回で生かすことができる。（思考・判断・表現）　← メイン課題の改善に向けてのアプローチ

8　指導と評価の計画（全58時間）

次	時数	学習内容	評価規準	関	思	技	知	評価方法
1	2	・Microsoft Word（ワード）の操作方法や入力方法について知る。 ・「速度」や「文書作成」の採点方法を知る。 （パソコン室）	・Microsoft Word（ワード）の操作方法等や採点方法を指導者の説明を適切に聞き取り，知ることができたか。（国語2段階 (1))	○		○		行動観察
2	55 本時29時間目	・「速度」及び「文書作成」に取り組む。 ・自己採点に取り組む。 （パソコン室）	・職場等での活用を目指し，自らが思考した前回からの改善点を生かしたMicrosoft Word（ワード）の操作ができたか。（職業2段階 (7)) ・職場等での活用を目指し，主体的に「速度」及び「文書作成」に取り組み，正確に入力する文字数を増やすことができたか。（職業2段階 (1)) ・主体的に特別支援学校ワープロ技能検定及び校内技能検定（ワープロ分野）に取り組み，職場等で必要な態度を身に付けることができたか。（職業2段階 (1)) ・「速度」や「文書作成」問題の文章の概要や要点などを適切に読み取り，入力することができたか。（国語2段階 (3))	○	○	○	○	行動観察 解答用紙
3	1	・特別支援学校ワープロ技能検定及び校内技能検定（ワープロ分野）に取り組む。 （パソコン室）	・主体的に特別支援学校ワープロ技能検定及び校内技能検定（ワープロ分野）に取り組み，職場等で必要な態度を身に付けることができたか。（職業2段階 (1)) ・職場等での活用を目指し，主体的に「速度」及び「文書作成」に取り組み，正確に入力する文字数を増やすことができたか。（職業2段階 (1))	○	○			行動観察 解答用紙

※ メイン課題の改善に向けての評価規準

9 本時の目標

（1）全体の目標
（教科）
・<u>自らが思考・判断した前回からの改善点を生かしたMicrosoft Word（ワード）の操作ができる。（職業2段階（7））</u>
（自立活動）
・特別支援学校ワープロ技能検定及び日本情報処理検定協会日本語ワープロ検定に向けて主体的にキーボードでの入力作業に取り組み，正確な入力ができる。（身体の動き（5））

> メイン課題の改善に向けての目標

（2）個々の目標

		これまでの様子		教科及び自立活動における目標	本題材における最終目標
A (男)		・言葉で1つずつ順を追って定義づけしながら説明や指示をすることでさまざまな活動に1人で取り組むことができる。 ・これまでの20分間の「文書作成」では，平均して8割以上の入力が正確にできる。	教科	・自らが思考・判断した前回からの改善点を生かしたMicrosoft Word（ワード）の操作ができる。（職業2段階(7))	・職場等での活用につながるように日本情報処理検定協会日本語ワープロ検定3級の認定を取得することができる。
			自立活動	・日本情報処理検定協会日本語ワープロ検定に向けて主体的に入力作業に取り組み，「文書作成」で正確に9割以上の入力ができる。（身体の動き(5))	
B (女)		・言葉の説明や指示と文字等の視覚的な手がかりを用いることでさまざまな活動に1人で取り組むことができる。 ・これまでの20分間の「文書作成」では，平均して8割以上の入力が正確にできる	教科	・自らが思考・判断した前回からの改善点を生かしたMicrosoft Word（ワード）の操作ができる。（職業2段階(7))	・職場等での活用につながるように特別支援学校ワープロ技能検定で1級の認定を取得することができる。
			自立活動	・特別支援学校ワープロ技能検定に向けて主体的に入力作業に取り組み，「文書作成」で正確に9割以上の入力ができる。（身体の動き(5))	
C (女)		・言葉で1つずつ順を追って定義づけしながら説明や指示をすることでさまざまな活動に1人で取り組むことができる。 ・これまでの20分間の「文書作成」では，平均して8割以上の入力が正確にできる。	教科	・自らが思考・判断した前回からの改善点を生かしたMicrosoft Word（ワード）の操作ができる。（職業2段階(7))	・職場等での活用につながるように日本情報処理検定協会日本語ワープロ検定で3級の認定を取得することができる。
			自立活動	・日本情報処理検定協会日本語ワープロ検定に向けて主体的に入力作業に取り組み，「文書作成」で正確に9割以上の入力ができる。（身体の動き(5))	

	これまでの様子		教科及び自立活動における目標	本題材における最終目標
D (男)	・一度体験したことなどは言葉での指示や見通しがもてる手順表があれば1人で活動することができる。 ・これまでの20分間の「文書作成」では，平均して8割以上の入力が正確にできる。	教科	・自らが思考・判断した前回からの改善点を生かしたMicrosoft Word（ワード）の操作ができる。（職業2段階(7)）	・職場等での活用につながるように日本情報処理検定協会日本語ワープロ検定で準2級の認定を取得することができる。
		自立活動	・日本情報処理検定協会日本語ワープロ検定に向けて主体的に入力作業に取り組み，「文書作成」で正確に9割以上の入力ができる。（身体の動き(5)）	
E (女)	・言葉で1つずつ順を追い説明や指示をしながら課題の内容を文字やイラスト等により分かりやすく提示することでさまざまな活動に1人で取り組むことができる。 ・これまでの20分間の「文書作成」では，平均して8割以上の入力が正確にできる。	教科	・自らが思考・判断した前回からの改善点を生かしたMicrosoft Word（ワード）の操作ができる。（職業2段階(7)）	・職場等での活用につながるように日本情報処理検定協会日本語ワープロ検定で準2級の認定を取得することができる。
		自立活動	・日本情報処理検定協会日本語ワープロ検定に向けて主体的に入力作業に取り組み，「文書作成」で正確に9割以上の入力ができる。（身体の動き(5)）	
F (女)	・言葉で1つずつ順を追って定義づけしながら説明や指示をすることでさまざまな活動に1人で取り組むことができる。 ・これまでの20分間の「文書作成」では，平均して8割以上の入力が正確にできる。	教科	・自らが思考・判断した前回からの改善点を生かしたMicrosoft Word（ワード）の操作ができる。（職業2段階(7)）	・職場等での活用につながるように日本情報処理検定協会日本語ワープロ検定で3級の認定を取得することができる。
		自立活動	・日本情報処理検定協会日本語ワープロ検定に向けて主体的に入力作業に取り組み，「文書作成」で正確に9割以上の入力ができる。（身体の動き(5)）	
G (男)	・手順表等を参考に言葉で1つずつ順を追って定義づけしながら説明や指示をすることでさまざまな活動に1人で取り組むことができる。 ・これまでの20分間の「文書作成」では，平均して6割以上の入力が正確にできる。	教科	・自らが思考・判断した前回からの改善点を生かしたMicrosoft Word（ワード）の操作ができる。（職業2段階(7)）	・職場等での活用につながるように特別支援学校ワープロ技能検定で1級の認定を取得することができる。
		自立活動	・特別支援学校ワープロ技能検定に向けて主体的に入力作業に取り組み，「文書作成」で正確に7割以上の入力ができる。（身体の動き(5)）	
H (女)	・言葉での説明や指示と文字等の視覚的な手がかりを用い，課題の内容やパターンを示すことでさまざまな活動に1人で取り組むことができる。 ・これまでの20分間の「文書作成」では，平均して8割以上の入力が正確にできる。	教科	・自らが思考・判断した前回からの改善点を生かしたMicrosoft Word（ワード）の操作ができる。（職業2段階(7)）	・職場等での活用につながるように日本情報処理検定協会日本語ワープロ検定で準2級の認定を取得することができる。
		自立活動	・日本情報処理検定協会日本語ワープロ検定に向けて主体的に入力作業に取り組み，「文書作成」で正確に9割以上の入力ができる。（身体の動き(5)）	

10 準備物
　問題用紙（日本情報処理検定協会日本語ワープロ検定過去問）

11 学習過程
　後掲（p.111 ～）

12 授業評価の観点
　（1）生徒が主体的に課題を達成していたか。
　（2）生徒の課題設定は適切であったか。
　（3）目標設定は適切であったか。
　（4）支援の手立ては適切であったか。
　（5）活動量は適切であったか。

13 教室内配置図（パソコン室）

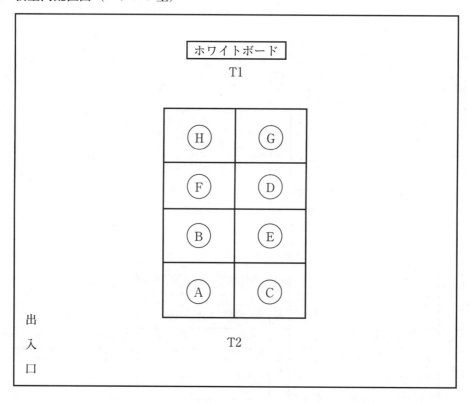

11　学習過程

過程	時間		学習活動	全体	指導上の留意点（ ▢ 課題，○支援，☆評価，◎評価方法）		
					A	B	C
導入	1分	①	始めのあいさつをする。(11：00～11：01)	○チャイム後，日直が号令をかけるのを待つ。号令をかける様子が見られない場合，「チャイムが鳴りましたよ。」等と促す。	○意識が授業以外に向いている場合，名前を呼び意識をこちらへ向けてから始める。		
	3分	②	前回までの振り返りをし，本時の学習内容及び目標を知る。(11：01～11：04)	○言葉のみではなく，ホワイトボードに文字等で示しながら行う。また，必要があれば，視覚的な情報として絵や写真カードも同時に使用する。			
	5分	③	本時の技能目標を自らで考え決定し，発表する。(11：04～11：09)	○これまでの記録（ファイル）や前時からの改善点等を参考に考えるように促す。			
展開	20分	④	「文書作成」に取り組む。(11：09～11：29)	○作業前に本時の自己目標や前時からの改善点等を意識させる言葉かけを行う。　　　　　　　　　　　メイン課題の改善に向けての目標　　　　　　　　　　　○作業中は生徒からの要求が無い限り，見守りとする。	自らが思考・判断した前回からの改善点を生かしたMicrosoft Word（ワード）の操作ができる。○前回の改善点を意識できていない場合，言葉かけを行う。☆自らが思考・判断した前回からの改善点を生かしたMicrosoft Word（ワード）の操作ができたか。◎行動観察	特別支援学校ワープロ技能検定に向けて主体的に入力作業に取り組み，「文書作成」で正確に9割以上の入力ができる。☆特別支援学校ワープロ技能検定に向けて主体的に入力作業に取り組み，「文書作成」で正確に9割以上の入力ができたか。◎行動観察　解答用紙	自らが思考・判断した前回からの改善点を生かしたMicrosoft Word（ワード）の操作ができる。○前回の改善点を意識できていない場合，言葉かけを行う。☆自らが思考・判断した前回からの改善点を生かしたMicrosoft Word（ワード）の操作ができたか。◎行動観察
					日本情報処理検定協会日本語ワープロ検定に向けて主体的に入力作業に取り組み，「文書作成」で正確に9割以上の入力ができる。☆日本情報処理検定協会日本語ワープロ検定に向けて主体的に入力作業に取り組み，「文書作成」で正確に9割以上の入力ができたか。◎行動観察　解答用紙	自らが思考・判断した前回からの改善点を生かしたMicrosoft Word（ワード）の操作ができる。○前回の改善点を意識できていない場合，言葉掛けを行う。☆自らが思考・判断した前回からの改善点を生かしたMicrosoft Word（ワード）の操作ができたか。◎行動観察	日本情報処理検定協会日本語ワープロ検定に向けて主体的に入力作業に取り組み，「文書作成」で正確に9割以上の入力ができる。☆日本情報処理検定協会日本語ワープロ検定に向けて主体的に入力作業に取り組み，「文書作成」で正確に9割以上の入力ができたか。◎行動観察　解答用紙

指導上の留意点（ ☐ 課題，○支援，☆評価，◎評価方法）				
D	E	F	G	H
			○必要があればT2が個別に説明をする。	
			○生徒からの要求があればT2が支援を行う。 ○発表時に戸惑いが見られた場合，発表用の話型を提示する。	
自らが思考・判断した前回からの改善点を生かしたMicrosoft Word（ワード）の操作ができる。	日本情報処理検定協会日本語ワープロ検定に向けて主体的に入力作業に取り組み，「文書作成」で正確に9割以上の入力ができる。	自らが思考・判断した前回からの改善点を生かしたMicrosoft Word（ワード）の操作ができる。	特別支援学校ワープロ技能検定に向けて主体的に入力作業に取り組み，「文書作成」で正確に7割以上の入力ができる。	日本情報処理検定協会日本語ワープロ検定に向けて主体的に入力作業に取り組み，「文書作成」で正確に9割以上の入力ができる。
○前回の改善点を意識できていない場合，言葉かけを行う。 ☆自らが思考・判断した前回からの改善点を生かしたMicrosoft Word（ワード）の操作ができたか。 ◎行動観察	☆日本情報処理検定協会日本語ワープロ検定に向けて主体的に入力作業に取り組み，「文書作成」で正確に9割以上の入力ができたか。 ◎行動観察 　解答用紙	○前回の改善点を意識できていない場合，言葉かけを行う。 ☆自らが思考・判断した前回からの改善点を生かしたMicrosoft Word（ワード）の操作ができたか。 ◎行動観察	☆特別支援学校ワープロ技能検定に向けて主体的に入力作業に取り組み，「文書作成」で正確に7割以上の入力ができたか。 ◎行動観察 　解答用紙	☆日本情報処理検定協会日本語ワープロ検定に向けて主体的に入力作業に取り組み，「文書作成」で正確に9割以上の入力ができたか。 ◎行動観察 　解答用紙
日本情報処理検定協会日本語ワープロ検定に向けて主体的に入力作業に取り組み，「文書作成」で正確に9割以上の入力ができる。	自らが思考・判断した前回からの改善点を生かしたMicrosoft Word（ワード）の操作ができる。	日本情報処理検定協会日本語ワープロ検定に向けて主体的に入力作業に取り組み，「文書作成」で正確に9割以上の入力ができる。	自らが思考・判断した前回からの改善点を生かしたMicrosoft Word（ワード）の操作ができる。	自らが思考・判断した前回からの改善点を生かしたMicrosoft Word（ワード）の操作ができる。
☆日本情報処理検定協会日本語ワープロ検定に向けて主体的に入力作業に取り組み，「文書作成」で正確に9割以上の入力ができたか。 ◎行動観察 　解答用紙	○前回の改善点を意識できていない場合，言葉かけを行う。 ☆自らが思考・判断した前回からの改善点を生かしたMicrosoft Word（ワード）の操作ができたか。 ◎行動観察	☆日本情報処理検定協会日本語ワープロ検定に向けて主体的に入力作業に取り組み，「文書作成」で正確に9割以上の入力ができたか。 ◎行動観察 　解答用紙	○前回の改善点を意識できていない場合，言葉かけを行う。 ☆自らが思考・判断した前回からの改善点を生かしたMicrosoft Word（ワード）の操作ができたか。 ◎行動観察	○前回の改善点を意識できていない場合，言葉かけを行う。 ☆自らが思考・判断した前回からの改善点を生かしたMicrosoft Word（ワード）の操作ができたか。 ◎行動観察

過程	時間	学習活動	全体	指導上の留意点（ □ 課題，○支援，☆評価，◎評価方法）		
				A	B	C
展開	1分	⑤ 印刷をする。 （11：29〜11：30）				
展開	10分	⑥ 自己採点に取り組み，次時に向けた改善点等を考える。 （11：30〜11：40） メイン課題の改善に向けての活動	○作業中は生徒からの要求が無い限り，見守りとする。 ○採点方法でつまずきなどが見られた場合，全体へ伝えながら取り組む。			
まとめ	8分	⑦ 本時の振り返りをする。 ・本時の入力文字数及び次時へ向けた改善点等の発表 ・指導者から （11：40〜11：48）	＊本時の技能目標に対しての達成度を確認する。 ○具体的な場面を示して，目標に対しての評価を行う。 ○良かった点を中心に評価をする。			
	1分	⑧ 次時の学習内容と今後の流れを知る。 （11：48〜11：49）	○言葉のみではなく，文字やイラスト等を含めて行う。			
	1分	⑨ 終わりのあいさつする。 （11：49〜11：50）	「これで終わります。と伝え，日直が号令をかけるのを待つ。号令をかける様子が見られない場合，「日直さん。」と声をかける。			

指導上の留意点（ ☐課題, ○支援, ☆評価, ◎評価方法）				
D	E	F	G	H
			○生徒からの要求があればT2が支援を行う。	
			○生徒からの要求があればT2が支援を行う。 ○発表時に戸惑いが見られた場合，発表用の話し方を提示する。	

活動設定の理由

作業学習（応用）「ワープロ技能検定に向けて」

自己採点

活動の概要

・自らのキーボードでの入力作業を自己採点し，振り返る。

活動設定の理由

・対象生徒たちには，指示されたことにスムーズに取り組む力は育ってきていたものの，自ら考え，判断し，行動するということには弱さを感じていた。

　高等部を卒業し，社会で生きていくために必要な力である，「自ら考え，判断し，より良い言動を導き出し，行動する力」をあらゆる活動場面で育てたいと思った。そこで，本題材では自己採点をし，自らの活動等を振り返り，改善点を導き出し，次に生かすという場面を設定した。

付けたい力

・自らの活動等を振り返り，改善点を導き出し，次に生かす力

第2章 学習指導略案から見る毎時間の授業

1 小学部（第1・2学年 単一障害学級）・遊びの指導（おはなし）

指導略案

日時・場所	平成26年9月17日（水）（2）校時 10時00分〜10時45分　場所（小学部1・2年教室）		指導者 職氏名	T1: 教諭　〇〇　〇〇 T2: 教諭　〇〇　〇〇			
学部学年等	小学部　第1・2学年　単一障害学級　（4名）	授業形態	学級	教科等	遊びの指導（おはなし）		
単元・題材名	お話遊び1（めっきらもっきら　どおんどん）			第　13／20　時			

本時の目標 （学習集団）	・「おーい」と発声して登場人物を呼ぶことができる。（国語）	☆評価	B	目標設定	A	○手立て	B
	・2人組でボールを運ぶことができる。（生活）		A		A		B

個々の評価規準	A	・「誰かいませんか，誰かいませんか，おーい」の台詞をタイミングよく言うことができる。（国語1段階5）		○	
		・2人組で布を持ち，相手と調子を合わせながらボールを運ぶことができる。（生活1段階3）			○
	B	・教師の促しを受けて，できるだけ大きな声で「おーい」と言うことができる。（国語1段階5）		○	
		・片手で布を持って，ボールを入れたり運んだりできる。（生活1段階2）			○
	C	・「誰かいませんか，誰かいませんか」の言葉を手掛かりに「おーい」と言うことができる。（国語1段階5）		○	
		・2人組で布を持って，ボールを入れたり，運んだりすることができる。（生活1段階3）			○
	D	・指導者の動作を手がかりに「おーい」と言うことができる。（国語1段階5）		○	
		・2人組で布を持ち，スロープまでボールを運ぶことができる。（生活1段階3）			○

前回からの改善点	ボールを運ぶとき，児童同士の関わりを増やすため，指導者の支援を最小限にし，見守るようにする。	関	思	技	知

☆評　価：A　達成できた，B　ほぼ達成できた，C　一部達成できた，D　達成できなかった
目標設定：A　目標は適当だった，B　目標が低すぎた，C　目標が高すぎた，D　目標が適当でなかった
○支援の手立：A　有効であった，B　ほぼ有効であった，C　一部有効だった，D　適切でなかった

過程	時間	学習活動	指導上の留意点
導入	1分	1　始めのあいさつをする。	○授業カードを提示し，一緒に挨拶の言葉を言うようにする。
	2分	2　「今日が来た」の歌を歌う。	○児童が決まった部分の動きを模倣することができるように，アカペラで児童の動きを引き出しながら歌う。
展開	5分	3　「めっきらもっきらどおんどん」のペープサートを見る。	○A児に手マイクを向けて，「誰かいませんか〜」の台詞をタイミングよく言えるようにする。 ○児童が「おーい。」と言うことができるように，指導者が「せ〜の」と言いながら促す。全員が「おーい。」と言えたら，その場面の登場人物のペープサートが出てくるようにする。

【指導の工夫】
・登場人物を意識し，名前を覚えることができるように児童に1枚ずつ登場人物のペープサートを渡し，操作させるようにしました。また，登場人物のテーマソングを流し，音楽と場面と登場人物を関連付けて活動の見通しをもてるようにしました。

		4 話の内容に沿って登場人物と遊ぶ。 ① 「ちんぷくまんぷく」の歌に合わせて主人公や友だちと手をつないで踊る。 ② 木の穴に落ちる場面を体験して遊ぶ。	○「一緒に遊ぼうよ」という主人公役の指導者の言葉かけに応じて，児童が自分から遊びに参加することができるように，アカペラで繰り返し歌いながら踊り，全員揃うのを待つようにする。 ○穴に入る前に「やる人?」と尋ねたり，1回の活動が終わったら，もう一度するかどうか尋ねたりし，やりたい気持ちを伝えることができるようにする。
		【指導の工夫】 ・滑り台を使って穴の中に滑り落ちる活動を行い，不思議な世界に落ちていったことが感じられるようにします。	
		③ もんもんびゃっこと遊ぶ。 ・紐を手繰り，もんもんびゃっこを引き寄せる。	○児童が主体的に発声できるように，ペープサートの場面と同じように児童の台詞でもんもんびゃっこが現れるようにする。
		【指導の工夫】 ・本時の登場人物がやってくることを期待することができるように児童が紐をたぐり寄せることで，天井部分に吊るされたもんもんびゃっこのパネルが降りてくるようにしました。	
		・2人組みでボール運びをする。	○活動順が分かりやすいようにマットやシートを敷いて通り道を示すようにする。ゴールにボール用スロープとビニールプールを設置し，ボールを運ぶことに必要感をもって活動できるようにする。
		【指導の工夫】 ・初めて児童同士のペアで物を介して活動するので，持つところが分かり易いように布に色違いの持ち手をつけたり，布の端にギャザーを寄せて，袋に近い形状にしたりして運びやすいようにしました。	
		・ボールプールで遊ぶ。 ④ 「こんやはうれしや」を踊る。	○歌に合わせて大きな動きで踊るよう促す。 ○不思議な世界からもとの世界に戻る雰囲気を味わえるように，最初の場面の木の穴を逆向きに登って戻るようにする。
まとめ	2分	5 振返りをする。	○一緒に遊んだ登場人物の名前を言ったり，音声模倣をしたりして活動を振り返るようにする。
	2分	6 「明日よ来い」の歌を歌う。	○児童が決まった部分の動きを模倣することができるように，アカペラで児童の動きを引き出しながら歌う。
	1分	7 終わりのあいさつをする。	○授業カードを提示し，児童の言葉を復唱しながら，あいさつを行う。

反省・気付き等（手立てを振り返り，次時への改善点を記入する。）
A児は教師を真似て小さな声で台詞を言うことができた。B, C, D児は，「せーの」の言葉を手掛かりに，それぞれ「おーい」と言うことができた。A児，B児，D児は，ペアでボールを運ぶ活動に慣れてきたが，C児はいつのまにか1人で活動していることがあるので，2人で布を持って活動することをルールとして定着させたい。D児は，たくさんボールがあると1つ持って満足してしまうので，別のカゴにボールを取り分けておいて全部袋に入れたら次のコーナーに行くことにして終わりを明確に示す必要がある。

第2章 学習指導略案から見る毎時間の授業

2 小学部（第4学年 重複障害学級）・遊びの指導（うんどう）

指導略案

日時・場所	平成27年○月○日（○）（○）校時 ○時○分〜○時○分 場所（体育館）			指導者 職氏名	T1：教諭 ○○ ○○ T2：教諭 ○○ ○○				
学部学年等	小学部 第4学年2組（2名）重複障害学級			授業形態	学級	教科等	遊びの指導（うんどう）		
単元・題材名	遊具を使って遊ぼう〜いろいろな姿勢で				第 9／10 時				
本時の目標 （学習集団）	・いろいろな姿勢になり、体を動かすことができる。（体育）			☆評価	A	目標設定	A	○手立て	B
	・感じたことややりたい気持ちを音声、身振り、簡単な言葉で表現することができる。（国語）				A		A		B
個々の評価規準	A	・うつ伏せの姿勢を受け入れ、10分間維持することができる。（体育2段階1）						○	
		・オーシャンスイングの揺れを受け入れ、腕を動かしたり、声を出したりして、感じたことを表現することができる。（国語2段階2）					○		
	B	・自分でバランスを取りながら1人ではしごを渡ったり、くぐったりすることができる。（体育2段階1）						○	○
		・オーシャンスイングの揺れで感じたことを「気持ちいいね」などの簡単な言葉で表現することができる。（国語2段階2）					○		
前回からの改善点	・オーシャンスイングでは、指導者と一緒に乗る活動を加える。（A児） ・児童の様子を見ながら、平均台を設置する位置を調整する。（B児）			関	思		技		知

☆評 価：A 達成できた，B ほぼ達成できた，C 一部達成できた，D 達成できなかった
目標設定：A 目標は適当だった，B 目標が低すぎた，C 目標が高すぎた，D 目標が適当でなかった
○支援の手立：A 有効であった，B ほぼ有効であった，C 一部有効だった，D 適切でなかった

過程	時間	学習活動	指導上の留意点
導入	5分	1 始めのあいさつをする。 2 本時の活動内容を知る。	○始まりを意識できるように、「姿勢、ピ」と言葉かけをして姿勢を正し、みんなであいさつをするよう促す。授業カードを提示し、何の授業であるかが分かるようにする。 ○実際の乗り物や飾りを提示し、見通しや期待感をもてるようにする。
展開	35分	3 準備運動をする。 4 いろいろな姿勢で遊具を使って遊ぶ。 ・スクーターボード（A児） ・滑り台、はしご、平均台など（B児）	○児童の実態に応じて、体育館の中を走ったり、ベンチ椅子に座って体を大きく動かしたりすることで、身体を動かしやすい状態にする 【指導の工夫】 ・A児は、光るものに興味があるので、電飾を点灯したり、消灯したりする、点灯パターンを変更するなど、もっと見たいという気持ちを引き出すことができるようにしました。 ○児童の目の前に電飾を置くことで、児童が顔を向けて見たり、顔を上げて見たりしながら、うつ伏せの姿勢を保持することができるようにする。（A児）

○頭部を持ち上げやすくしたり，ひじで体重を支えたりして，うつ伏せの姿勢を保持することができるように，U字クッションやクッションを重ねて使用する。胃ろう部分に空間を作ることで，胃ろうのボタン部分が接地面につかないように留意する。(A児)
○はしごでは，児童が手のつく位置を指導者の指さしなどを手がかりにして自分ではしごを渡ることができるようにする。また，正しい手の位置で渡ることができた場合は，賞賛する言葉かけをする。(B児)
○平均台では，壁に児童の手が届く位置に平均台を設置することで，児童が足を交互に動かすことができるようにする。(B児)

【指導の工夫】
・児童は平均台を1人で渡ることが難しいので，最初は壁に片手をついてバランスを取らせました。本人の様子を見ながら少しずつ壁から離して設置しています。

5 オーシャンスイングで遊ぶ。

○児童の見えやすい位置でオーシャンスイングを揺らしたり，指導者が乗ってみたりしてどのようにして活動するのかをわかりやすく示すようにする。
○安定した姿勢で活動をすることができるように，指導者と一緒に，座位の姿勢で台の上に座って揺れるようにする。

【指導の工夫】
・クッションチェアで活動する際は，落下防止のため，ベルトで座面とクッションチェアを固定し，安全に留意しながら動かすようにしています。・座位や胡坐座位は，体幹をまっすぐにしながら，活動できるようにしています。

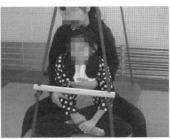

○児童が慣れてきたら，うつ伏せ，仰向け等に姿勢変換し，いろいろな感覚を感じることができるようにする。安定した姿勢を保つことができるよう，クッションや滑り止め等を使用する。

【指導の工夫】
・いろいろな姿勢で活動することができるように，姿勢変換後は，小さな揺れから行うようにし，児童の様子を見ながら揺れの大きさを変えるようにしています。

まとめ 5分

6 振り返りをする。
○それぞれの児童の頑張ったところを具体的に伝え，賞賛する。

7 終わりのあいさつをする。
○終わりを意識できるように，「姿勢，ピ」と言葉掛けをして姿勢を正し，みんなであいさつをしたり，授業カードを提示したりする。

反省・気づき等（手立てを振り返り，次時への改善点を記入する。）
・スクーターボードの上でうつ伏せの姿勢を20分保持することができた。オーシャンスイングでは，座位，胡坐座位など，様々な姿勢で活動をすることができた。また，揺れが止まったときに，「んー」と声を出してもっとやりたいという気持ちを表現することができた。クッションチェアでは，スイングの変化で表情の変化が見られたため,胡坐座位などの姿勢で，T2に後方から座面を押してもらうことで，様々な揺れを感じることができるようにする。(A児)
・サーキットを見ると，自分から進んで活動に入る姿が見られ，見通しをもって活動をすることができた。壁に手をついて平均台を渡ることで，足を交互に出しながら，足を進めることができた。しかし，片足で重心を保つことがまだ難しいので，今後も取り組み続けていく。オーシャンスイングでは，自分から「涼しいね，気持ちいいね」などの言葉で自分の気持ちを表現することができた。(B児)

第2章 学習指導略案から見る毎時間の授業

3 中学部（第1学年 単一障害学級）・保健体育

指導略案

日時・場所	平成27年○月○日（○）（○）校時 ○時○分～○時○分 場所（プレイルーム）		指導者 職氏名	T1：教諭 ○○ ○○ T2：教諭 ○○ ○○			
学部学年等	中学部 第1学年（4名）単一障害学級		授業形態	学級	教科等	保健体育	
単元・題材名	球技（ボウリングゲーム）				第 5／6 時		
本時の目標 （学習集団）	・友達と協力して係に取り組みながら，ボウリングゲームをすることができる。（保健体育2）			☆評価 B	目標設定 B	○手立て B	
個々の評価規準	A	・グラフを作成したり，司会をしたりしながら，ボウリングゲームに取り組むことができる。（保健体育2）				○	○
	B	・ボール渡し係として，「どうぞ」と言ってボールを渡しながら，ボウリングゲームに取り組むことができる。（保健体育2）			○	○	
	C	・ボール回収係として，ボールを回収しながら，ボウリングゲームに取り組むことができる。（保健体育2D）				○	○
	D	・ピン直し係として，倒れたピンを直しながら，ボウリングゲームに取り組むことができる。（保健体育2）			○	○	
前回からの改善点	得点発表の際に，生徒Aに司会をさせる。			関	思	技	知

☆評　価：A　達成できた，B　ほぼ達成できた，C　一部達成できた，D　達成できなかった
目標設定：A　目標は適当だった，B　目標が低すぎた，C　目標が高すぎた，D　目標が適当でなかった
○支援の手立：A　有効であった，B　ほぼ有効であった，C　一部有効だった，D　適切でなかった

過程	時間	学習活動	指導上の留意点
導入	10分	1 あいさつをする	○全員が正しい姿勢が出来ていることを日直が確認してから，号令をかけられるように，言葉掛けを行う。
		2 本時の内容を確認する	○活動内容を理解できるように，生徒に問いかけながら進めていくようにする。
		3 準備体操をする 　ラジオ体操	○部分的に生徒の理解できる言葉に変えて，動きを伝える。 ○生徒Dには，動きを動物に例えて，動きを伝える。 ○生徒Dは，指導者から活動の終わりを伝えられると，自ら活動表に向かい，次の活動を，指導者や友達に伝えさせる。（学習活動4以降も，同様）
		4 長縄跳びをする	○跳ぶ位置を示すために，床にビニールテープを貼る。 ○生徒の実態に応じて，縄の動きを変える。 ○生徒に目標回数を設定させた上で，縄跳びに取り組ませる。

【指導の工夫】
・見通しをもって活動できるように，授業の大きな流れをいつも同じように設定しています。

【指導の工夫】
・見通しをもって活動できるように，授業の流れを示したスケジュール表を，生徒に実際に操作させています。

展開	35分	5 本時のめあてを確認する 「係に取り組みながら、ボウリングをしよう。」	○A、C、Dが自分で読めるように本時のめあてをホワイトボードに書き、視覚的に示す。 ○Bの近くで指導者がめあてを読み、発語を促す。
		6 ボウリングゲームをする ①役割分担	○生徒に自分の係を意識させるために、役割分担表をホワイトボードに掲示する。
		【指導の工夫】 ・ボウリングゲームの活動前に取り組む役割を明確にし、責任感をもたせるために、生徒たちで係を決めさせています。 	
		②準備	○準備物の写真を生徒に提示し、分担して準備させるようにする。
		【指導の工夫】 ・待つ時間の短縮と、活動内容の把握のために、準備の役割分担を行っています。  	
		③ボウリングゲーム	○準備・片付け等ができるように、教材の位置を固定したり、ピンの置き場所に印を付けたりする。 ○肯定的な言葉かけを行い、生徒が失敗を恐れずに、主体的な活動ができる雰囲気を作る。
		【教材の工夫】 グラフ ・数の多少が視覚的に理解しやすいように、グラフを活用しています。 ・数字を記入する部分は、クリアファイルを切ったものを貼りつけており、何度も消すことができます。  	
		④片付け	
まとめ	5分	7 本時のめあてを振り返る	○発表している友達に注目させる。 ○友達の良かった点があった生徒は、当該生徒の発表の後に、発表させる。
		8 あいさつをする	○全員が正しい姿勢が出来ていることを日直が確認してから、号令をかけられるように、言葉かけを行う。

反省・気付き等（手立てを振り返り、次時への改善点を記入する。）
・今回は、ボールを渡すときのあいさつを徹底させるために、話型を示して取り組ませた。明確に話型を示すことで、全員が実態に合わせたコミュニケーション方法で、あいさつをしながらゲームに取り組むことができた。次回は、大きい声や自信を持ってあいさつをすることにも取り組ませたい。

第2章　学習指導略案から見る毎時間の授業

4 中学部（第1学年　重複障害学級）・自立活動

指導略案

日時・場所	平成27年2月20日（金）（5）校時 13時20分～14時10分　場所（中学部1・2年教室）		指導者 職氏名	T1：教諭　〇〇　〇〇				
学部学年等	中学部　第1学年（1名）		授業形態	学級	教科等	自立活動		
単元・題材名	自立活動				第	255／280　時		
本時の 目標 (学習集団)	・個別の課題に対して，指導者の支援を受けながら主体的に取り組むことができる。		☆評価	B	目標設定	A	〇手立て	A
個々の評価規準 A	・提示された物に気付き，それを見た後に手を伸ばして取ることができる。			〇		〇		〇
	・指導者に支援されて身体を動かすことができる。							〇
前回からの改善点	しっかり見て取ることが苦手なので，見ないと取れないような工夫をした。			関	思		技	知

☆評　価：A　達成できた，B　ほぼ達成できた，C　一部達成できた，D　達成できなかった
目標設定：A　目標は適当だった，B　目標が低すぎた，C　目標が高すぎた，D　目標が適当でなかった
〇支援の手立：A　有効であった，B　ほぼ有効であった，C　一部有効だった，D　適切でなかった

過程	時間	学習活動	指導上の留意点
導入	2分	1　始まりのあいさつをする。	〇姿勢を正すよう言葉かけし，足の位置などを正し，始まりを意識できるようにする。
展開	45分	2　本時の流れを知り，めあてを決める。	〇授業で使用する教材を見せて授業の流れを説明する。 【指導の工夫】 ・授業の流れは言葉のみにならないように実物を見たり，触ったりすることで説明します。本時のめあてを決める際は指導者が授業での山場を考えて実態に合った内容にしました。
		3　個別の課題をする。 ・絵本カードを自分から手を伸ばして取る。	〇絵本読みでは，「はらぺこあおむし」の曲に合わせて，斜面台に貼りつけた絵本カードを取るようにする。 【指導の工夫】 ・絵本読みの一環として絵本カードを作成し，音楽に合わせて提示したカードを取る活動をしています。見ることに課題を持っているため，絵本カードを取る際に必然的にカードの絵を見ることができると考えました。

【指導の工夫】
・何気なく取ってしまわないように,変化をつけたカードを用意することで集中できるようにしました。(取りやすい物,取りにくい物と難易度をつけています。)

○カリカリ指を動かさないと容易に取れないようにすることで,意識を集中できるようにする。
○薄いクッションを裏に貼った取り易いカードを用意したり,隙間を開けるためにクリップを取り付けたりすることで難易度を変化する。
○絵本カードに気付きにくい場合は,目の前に提示したり,斜面台を手前に移動したりする。または,姿勢を正し,足の位置を正すことでカードに気付くことができるようにする。

・野菜の模型をはがしたり,引っ張ったりして取る。

【指導の工夫】
・つかんだままはがす,つかんだまま引っ張って抜くことができる教材を用意しました。教材を見ずに取ってしまわないように,すぐにははがせないよう,マジックテープで貼りつけました。また,他にも滑り止めをつけて容易に抜けないような工夫をしています。

【指導の工夫】
・前かがみにならないと取れない位置に教材を提示することで仙骨座りになりがちな姿勢の改善に取り組んでいます。前かがみの姿勢が苦手であるため,なかなか手を伸ばすことができませんでしたが,野菜の模型に興味を持ち,好きな活動であるため,取ることができるようになりました。また,しっかり見ることもできます。

しっかり手が伸びています。

○ベンチイスに座った状態で行うようにする。
○芽キャベツの模型を作りマジックテープをキャベツと畑用の箱両面に付けて,手で持ってはがすことができるようにする。
○大根や人参の模型を用意して目の前に提示する。
○それぞれに滑り止めをつける等,色々なパターンの野菜を用意する。

【指導の工夫】
・色画用紙とヒモがくっついている赤い玉をつなげて磁石でホワイトボードに貼りつけています。赤い玉をつかんで引っ張ると色画用紙が落ちてくる仕組みです。果物の模型はマジックテープ板を作り,模型にもマジックテープを貼って引っ張ってはがすようにしています。これも容易には取れないため必然的に見ないと取れません。生活単元学習の授業(野菜の収穫)などで応用して使用しました。

・しっかり見て赤い玉や野菜の模型をつかんで落としたりはがしたりする。

【指導の工夫】
・好きな物を活用して・・・赤い玉やキラキラしたボールなど,赤い物を好みます。好きな物やつかみやすい物に対しては,しっかり見ることができ,手を伸ばしてつかむことができます。

○赤い玉やリンゴやトマトの模型を使用する。
○図と地を意識してホワイトボードや黒地に貼るようにする。

・指先を使ってテープをはがす。

【指導の工夫】
・つまむことが苦手なため,指先でビニールテープをつまんではがすことで手の巧緻性を高めています。両手を使う事もあり,カリカリひっかいてはがすこともあります。

【指導の工夫】
・色々な難易度を持ったテープを用意しました。長めのテープ,短めのテープ,先を少し折って取りかかりをつけたテープ,色は赤と緑にして赤に気付いたときに緑を意識できるように隣に貼るようにしています。

先が少し折ってあります。　気づきやすい色と気づきにくい色を選びました。

○色々な長さのビニールテープを黒い板に貼りつけておく。

3　ふり返りをする。
4　終わりのあいさつをする

○良かった点や頑張っていた点を具体的に伝え,賞賛する。
○姿勢を正すよう声かけし,終わりを意識できるようにする。

反省・気付き等（手立てを振り返り,次時への改善点を記入する。）
・教材を何となく取っていたり,なかなか教材に気付かなかったりすることが多かったりしていたが,簡単にはつかめない教材であるため必然的に見る場面が増え,何とか取ろうと意欲的であった。次回は赤い玉に貼る画用紙から少し重い物にして,負荷がかかるような工夫をしたい。

第2章 学習指導略案から見る毎時間の授業

5 高等部(第1学年 重複障害学級)・生活単元学習

指導略案

日時・場所	平成○○年○○月○○日（○） ○校時 ○○時○○分～○○時○○分 場所（ 高等部1年3組教室 ）		指導者 職氏名	教諭 ○○ ○○				
学部学年等	高等部 第1学年3組（1名）重複障害学級		授業形態	学級	教科等	生活単元学習		
単元・題材名	進路学習①			第 4 ／ 10 時				
本時の 目標 (学習集団)	・進行方向に向かって，モップを動かすことができる。(社会)		☆評価	A	目標設定	A	○手立て	A
	・物を安全に運ぶことができる。(保健体育)			A		A		A
評価規準	個々の	・進行方向に向かって，モップを動かすことができる。(社会1)					○	
	A	・物を両手で持って運ぶことができる。(保健体育3)					○	
前回からの 改善点	生徒の動き始めを待ってから言葉掛けする。		関	思	技	知		

☆評　価：A　達成できた，B　ほぼ達成できた，C　一部達成できた，D　達成できなかった
目標設定：A　目標は適当だった，B　目標が低すぎた，C　目標が高すぎた，D　目標が適当でなかった
○支援の手立：A　有効であった，B　ほぼ有効であった，C　一部有効だった，D　適切でなかった

過程	時間	学習活動	指導上の留意点
導入	5分	1 はじめのあいさつをする。 2 学習内容の確認をする。	○「姿勢」の体勢になるまで待ち，あいさつをする。 ○絵カードを用いて，今からすることについて伝える。 【指導の工夫】 ・カードを貼る動作を入れることでで掃除の始まりを理解させています。
展開	40分	3　①掃除準備 ・掃除道具を出す。	○掃除道具入れの扉が固いため，少し開けておく。 ○初めに使う道具を自分から選んで取ることができるように，指導者は生徒の動きだしを見守る。 【指導の工夫】 ・生徒の動きだしを見守ることで，生徒が考えて行動しているか，前回の内容が定着しているか，確認をしています。

展開		4　②掃除 ・教室の物を運ぶ。 ・モップ掃除をする。	○大きめのゴミをまいて行う。	
	掃除は始まりから終わりまでを一連の決まった流れで行うことができるため，同じ流れを繰り返し行うことで，次に何をすればよいかを自分で考えて行動することができ，見通しが持ちやすい。	【指導の工夫】 ・物，掃除道具ともに両手で持つことを統一して指導しています。  【自立活動の視点】 重心が一方に片寄るとバランスを崩したり，物を持つと片手で持とうとしたりするため，両手を使って活動する練習をしています。		【指導の工夫】 ・大きなゴミをまくことで，ゴミを意識させてモップの使い方を学習させています。 
		【指導の工夫】 ・ゴミの側にちりとりを持ってくる。 ごみの側にちりとりをセットするよう，ほうきでゴミを集めた後は，指導者がゴミの側から動かずに，生徒がゴミの側まで自分で歩いてくるように仕掛けています。 	【指導の工夫】 ・ちりとりをセットする立ったままでちりとりを持つと床から浮いてしまうので，掛け声のタイミングに合わせて体を前へかがめるように練習させています。 	
		・ちりとりでゴミを取る。	○ちりとりをセットするときは，ちりとりが浮かないよう掛け声をかけてセットさせる。 ○ほうきでゴミを集めた後は，指導者がゴミの側から動かないようにする。	
		5　③片付け ・道具片付け。 ・物を直す。	○掃除道具入れの扉が固いため，少し開けておく。	
		6　④手洗い	○初めは自分で洗わせる。 ○指導者が手本を示し，模倣するよう促す。	
まとめ	5分	7　⑤本時にしたことを振り返る。 8　おわりのあいさつをする。	○したこと，できたことについて評価する。 ○授業の初めに貼った絵カードを全て取ると作業の終わりとする。 ○「姿勢」の体勢になるまで待ち，あいさつをする。	

反省・気付き等（手立てを振り返り，次時への改善点を記入する。）
・生徒は物を両手で持ち上げて運ぶことができた。物を置くときに早めに手を離してしまうことが課題である。モップがけでは，繰り返し練習したことで，教室の端に着くと，次は反対側の端に到達することができた。

題材設定の理由　『生活単元学習　進路学習①　社会生活について（日常生活に必要なこと）』
　他者からやってもらうことが多く人のために何かすることが少ないため他者に役立つことが必要である。また，卒業後の生活においても必要となるため掃除を進路学習で設定している。生徒Aは立って動きながら行う活動の方が手指の細かい作業よりも得意である。しかし，経験の少ない動きには強い不安を感じるため，様々な動きを経験していく必要がある。物を渡すと片手で持つくせがあるため，両手で道具を扱う活動をこの単元で設定した。

第2章 学習指導略案から見る毎時間の授業

6 高等部（第2学年 単一障害学級）・音楽科

指導略案

日時・場所	平成26年12月19日（金）(3) 校時 11時00分～11時50分 場所（高等部2年1組教室　小学部1・2学年教室）		指導者 職氏名	T1: 教諭　○○　○○ T2: 教諭　○○　○○			
学部学年等	高等部　第2学年1組（8名）単一障害学級		授業形態	学級	教科等	音楽	
単元・題材名	合奏②				第 8／12時		
本時の目標 （学習集団）	・発表に向けて自分の音に責任をもちハンドベルの音を鳴らすことができる。（音楽）		☆評価	目標設定	A	○手立て	A
					A		A
	・聴衆の気持ちになりどんな演奏や表情などをすればよいのか友達と話し合い進めることができる。（音楽）				A		A
					A		A
個々の評価規準	A	・発表に向けて自分の音に責任をもち，ハンドベルを鳴らすことができる。（音楽2段階3）	○				
		・聴衆の気持ちになり，どんな演奏や表情をすればよいのか分かり，意見を言うことができる。（音楽2段階2）				○	
	B	・発表に向けてハンドベルを大きな音で鳴らすことができる。（音楽2段階3）	○				
		・聴衆の気持ちになり，どんな表情をすればよいのか分かり，意見を言うことができる。（音楽2段階2）				○	
	C	・発表に向けて自分の音に責任をもちハンドベルを鳴らすことができる。（音楽2段階3）	○				
		・聴衆の気持ちになり，どんな演奏をすればよいのか意見を言うことができる。（音楽2段階2）				○	
	D	・発表に向けて自分の音に責任をもちハンドベルを鳴らすことができる。（音楽2段階3）	○				
		・聴衆の気持ちになり，どんな演奏や表情をすればよいのか意見を言うことができる。（音楽2段階2）				○	
	E	・発表に向けてハンドベルを鳴らすことができる。（音楽2段階3）	○				
		・聴衆の気持ちになり，どんな演奏や表情をすればよいのか意見を言うことができる。（音楽2段階2）				○	
	F	・発表に向けて自分の音に責任をもちハンドベルを鳴らすことができる。（音楽2段階3）	○				
		・聴衆の気持ちになり，どんな演奏や表情をすればよいのか意見を言うことができる。（音楽2段階2）				○	
	G	・発表に向けてハンドベルを大きな音で鳴らすことができる。（音楽2段階3）	○				
		・聴衆の気持ちになり，どんな演奏をすればよいのか意見を言うことができる。（音楽2段階2）				○	
	H	・発表に向けて自分の音に責任をもち，ハンドベルを鳴らすことができる。（音楽2段階3）	○				
		・聴衆の気持ちになり，コメントを言うことができる。（音楽2段階2）				○	
前回からの改善点		・他学部に演奏をしに行く。	関	思	技	知	

☆評　価：A　達成できた，B　ほぼ達成できた，C　一部達成できた，D　達成できなかった
目標設定：A　目標は適当だった，B　目標が低すぎた，C　目標が高すぎた，D　目標が適当でなかった
○支援の手立：A　有効であった，B　ほぼ有効であった，C　一部有効だった，D　適切でなかった

過程	時間	学習活動	指導上の留意点
導入	2分	1 はじめのあいさつをする。 2 本時の学習内容と音楽の目標を確認する。	○椅子に座り，活動できる姿勢になっているかを確認する。 ○活動の流れを大まかに説明し，見通しをもたせる。 ○全体目標を提示し，ワークシートに目標を記入することができるようにする。
展開	40分	3 ハンドベルの練習を行う。 4 どんな演奏や表情などをすればよいのか考える。 5 小学部で演奏をする。 6 片付けをする。	○ICレコーダーやビデオカメラで様子を記録し，どんな演奏をしているのか振り返ることができるようにする。 ○グループに分かれてどんな演奏をしたいのか話し合わせる。 ○大きな楽譜を掲示し，全員で確認できるようにする。 【指導の工夫】 ・大きな楽譜には，生徒が担当する音に，それぞれ色を付けて，見て自分の担当する音が分かるようにしている。 ○大きな楽譜では難しい生徒には，個別の楽譜を用意する。 【指導の工夫】 ・(楽譜例) 休符の記号は理解しているため，そのまま記入し，生徒が担当するベルで，タイミングよく鳴らすことができるように色を指定し，音名も記入している。 【指導の工夫】 ・クリスマスに関する曲を演奏するため，生徒はサンタの衣装を着て演奏を行った。小学部の児童は，サンタの姿を見て興味をもち演奏を聴くことができていた。
まとめ	8分	7 振り返りをする。 8 おわりのあいさつをする。	○ワークシートに目標が達成できたか記入させることで，本時を振り返らせる。 ○椅子に座り，あいさつできる姿勢になっているかを確認する。

反省・気づき等（手立てを振り返り，次時への改善点を記入する。）
・他学部に行き演奏をすることで，児童に喜んでもらえたと嬉しそうに振り返りをしていた。
・聴き手側の気持ちを考えて，楽しく演奏しようと笑顔で演奏したり，動きを付けて演奏したりすることができていた。

Column コラム

【1】業務をスムーズに行う工夫
①業務遂行表の活用
②分掌別関係資料について
③全体計画（人権教育）を踏まえた授業実践の取組

【2】広島県特別支援学校技能検定

【3】本校の教育課程研究の変遷 ～過去の資料を振り返る～

【4】地域とのつながり
①「ゆるるの森づくり」事業
②特別支援教育の"わ"サマーディスカッション
③ザ・ビッグ庄原店での展示・販売会
④海外交流について
⑤みよし商工フェスティバル

【1】 業務をスムーズに行う工夫

① 業務遂行表の活用

　本校では，業務遂行表を活用して，各分掌業務の進捗管理や成果，課題，引継事項等を次年度に生かす取組を行っております。

業務遂行表の仕組み
【シート1】

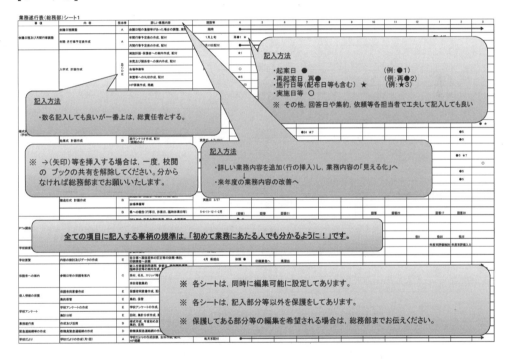

【シート2】

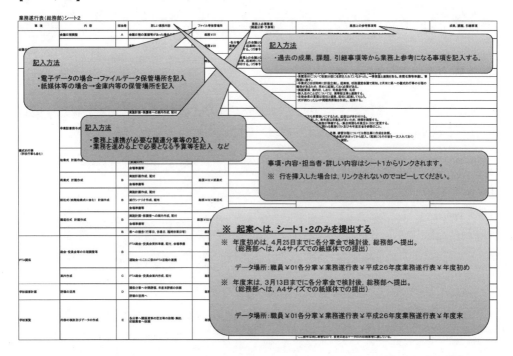

記入方法
・電子データの場合→ファイルデータ保管場所を記入
・紙媒体等の場合→金庫内等の保管場所を記入

記入方法
・業務上連携が必要な関連分掌等の記入
・業務を進める上で必要となる予算等を記入 など

記入方法
・過去の成果,課題,引継事項等から業務上参考になる事項を記入する。

事項・内容・担当者・詳しい内容はシート1からリンクされます。
※ 行を挿入した場合は,リンクされないのでコピーしてください。

※ **起案へは,シート1・2のみを提出する**

※ 年度初めは,4月25日までに各分掌会で検討後,総務部へ提出。
　（総務部へは,A4サイズでの紙媒体での提出）

　データ場所:職員¥01各分掌¥業務遂行表¥平成26年度業務遂行表¥年度初め

※ 年度末は,3月13日までに各分掌会で検討後,総務部へ提出。
　（総務部へは,A4サイズでの紙媒体での提出）

　データ場所:職員¥01各分掌¥業務遂行表¥平成26年度業務遂行表¥年度末

【シート3】

各担当者ごとにシート1・2を張り付け,担当者ごとの業務を「見える化」

業務遂行表（総務部）シート1

・各主任が分掌業務の進捗管理をし，業務が滞りなく進められるようにするためのもの

<項目> 業務事項，業務内容，担当者，詳しい業務内容，期限等

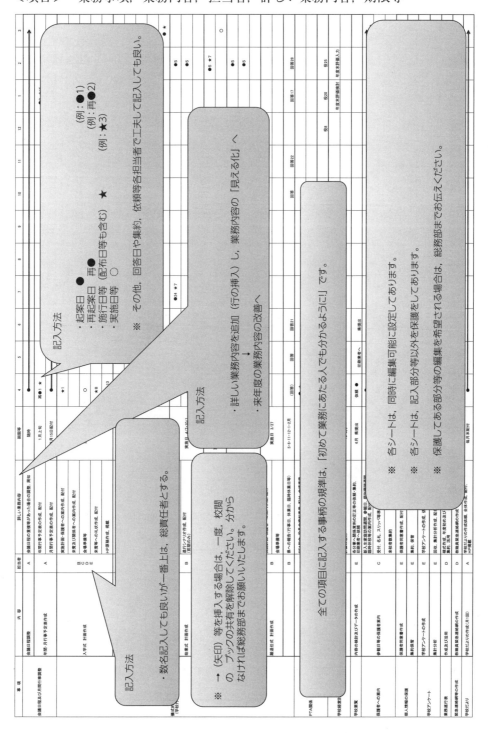

133

業務遂行表（総務部）シート２

・業務を進める上で必要な情報等を把握するためのもの
＜項目＞　ファイル等の保管場所，関連分掌，予算等，業務上の参考事項等，成果，課題，引継事項

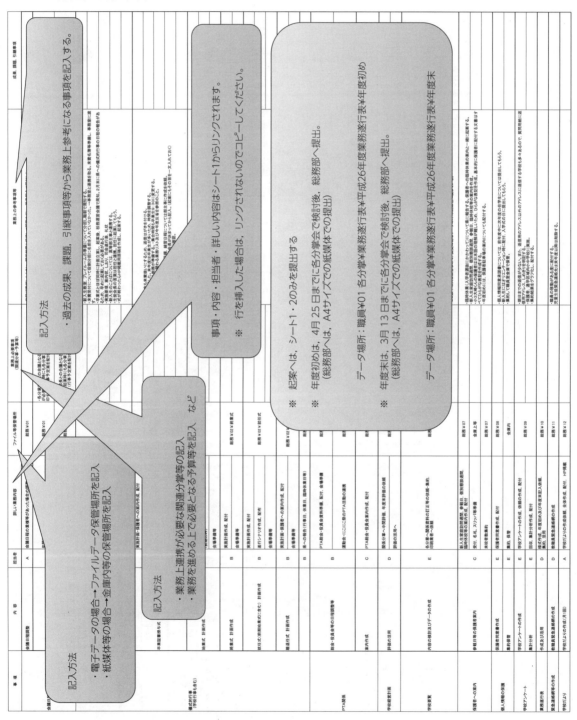

業務遂行表（総務部）シート３（A先生用）

・各担当者の業務を分かりやすくしたもの
＜項目＞　シート１，シート２

業務遂行表（総務部）シート３（A先生用）

事　項	内　容	担当者	詳しい業務内容	期間等	4	5	6	7	8	9	10	11	12	1	2	3
会議日程及び月間行事調整	会議日程調整	A	会議日程の重複等があった場合の調整，周知	随時												
	年間，月間行事予定表作成	A	年間行事予定表の作成，配付	１月上旬	周●１ ★									● 9　★15		
			月間行事予定表の作成，配付	毎月15日配付												
学校だより		A	学校だよりの作成原稿，全体作成，配付 HP掲載	毎月末配付												

事　項	内　容	担当者	詳しい業務内容	ファイル等保管場所	業務上必要事項（関連分掌・予算等）	業務上の参考事項	成果，課題，引継事項
会議日程及び月間行事調整	会議日程調整	A	会議日程の重複等があった場合の調整，配付	総務W01	・分掌業務長との会議になるため，各分掌主任との連携が必要。印刷する紙の大きさも考え直して案を作成する。・企画案をもとに作成，主任打合後送付，意見交換で修正が出たらまた主任打合が必要。（行事予定表は配付不要）	日程が重複したために，関係部等と連絡して調整を行い，職員朝会で周知した。	
	年間，月間行事予定表作成	A	年間行事予定表の作成，配付	総務W01	・各分掌業務長との会議になるため，各分掌主任との連携が必要。印刷する紙の大きさも考え直して案を作成する。・企画案をもとに作成，主任打合後送付，意見交換で修正が出たらまた主任打合が必要。（行事予定表は配付不要）	・年間行事予定表は，印刷する紙の大きさを見直して案を作成する。・企画案をもとに作成，主任打合後送付，意見交換で修正が出たらまた主任打合が必要，校正後，全体配付後，新入生にはオリエンテーションで配付する。・年度末（3月）に作成し，校正後，全体配付後，新入生にはオリエンテーションで配付する。・起案時に各分掌業務長に押印してもらう間，担当の方でまで案が回っているのをきちんと把握しておく，それぞれ各分掌主任に年間作業に入っている予定を確認した上で月ごとの行事予定表を配付し，修正後配付し，それ以降にも年間，行事，事務事項等のずれがないか常に把握する。	
学校だより		A	学校だよりの作成原稿，配付，HP掲載	総務x12			

各担当者ごとにシート１・２を張り付け、担当者ごとの業務を「見える化」

② 分掌別関係資料について

　本校は，若い教職員が多く，また毎年転勤して来られる先生もおり，教職員の入れ替わりが多い学校です。（教職員の約30％が，30歳以下の教職員です。）仕事の進め方は，教職員の勤務経験や能力により様々です。

　組織として，業務を効果的かつ効率的に行うこと，また，見通しをもって計画的に業務を進めることは大切なことです。そのため，業務の進め方や様式を文章化し，組織内で共有することができるよう作成しているのが，「分掌別関係資料」です。本校では，教務部，保健部，生徒指導部で作成しています。また，進路指導部は「進路指導の手引き」を作成し，教育研究部は「研究計画」を作成し，事務室は「庄原特支一人歩き」という事務に関連する資料を作成し，どれも冊子としてまとめ，職員に配付し，周知しています。毎年，年度末に資料の見直しを行い，年度初めに新しいものを配付しています。ここでは，「分掌別関係資料」の一部をご覧ください。

例1：教務部関係資料

> **ポイント**
> ・「見える化」によって教職員全員で業務内容が共有できる！
> ・確認したいときに，この資料を見れば分かる！
> ・1年間の見通しをもって業務ができる！

平成27年度　教務関係書類作成スケジュール（前期）

学期	項目	具体的な流れ	備考	〆切日	提出先	データの場所
前期	個別の教育支援計画	●前期の教育支援計画の作成は，前年度の内容を踏まえて作成する。（前年度の内容は職員室内の金庫に個別の指導計画ファイルにて保存） ●各学部の教務（高等部は学年）が起案（A4）し，決裁・浄書・照合後，各学級で印刷（A3）する。 ●家庭訪問（新入生）や個人懇談によって，教育支援計画に変更があった場合は，再起案する。	※作成日欄は起案〆切日に統一する。 ※家庭訪問：4月20日～4月24日（新入生のみ） 懇談期間：5月18日～5月20日	（新入生・転入生以外）4月24日提出 （新入生・転入生）5月7日提出	教務（高等部は学年教務）	
		●個別の教育支援計画は，個人懇談において保護者に渡す。 ●原本（A3サイズに保護者印を押したもの）を学校に，コピーを保護者に渡し，担当者が金庫にあるファイルに綴じる。（前期6月の懇談で，保護者印をもらう）		個人懇談終了後，担当者が速やかに金庫内の個人ファイルに綴じる。		

（例1：教務部関係資料【書類作成の流れ】）

学期	項目	具体的な流れ	備考	〆切日	提出先	データの場所
前期	個別の指導計画	**作成時** ●前期の個別の指導計画（様式1），自立活動（様式2）を作成する。 ●各学部の教務（高等部は学年）が起案（A4）し，決裁・浄書・照合後，各学級で印刷（A3）する。 ●個別懇談により，変更があった場合は，再起案する。	※様式1，様式2の例示は別紙 ※作成日は起案〆切日に統一する。 ※家庭訪問：4月20日～4月24日（新入生のみ） 懇談期間：5月18日～5月20日	（新入生・転入生以外）4月24日提出 （新入生・転入生）5月7日提出 個人懇談終了後，担当者が速やかに金庫内の個人ファイルに綴じる。	教務（高等部は学年教務）	
		学期のまとめ ●前期の個別の指導計画（様式1）自立活動（様式2）の学期のまとめを作成する。 ●各学部の教務（高等部は学年）が起案（A4）し，決裁・浄書・照合後，各学級で印刷（A3）する。 ●浄書時に授業日数等を見込みにて記入する（鉛筆書き）。 ●浄書・照合終了後，担任印を押し，各学部教務に提出する。 ●各学部教務が校長に提出，押印。 ●個別の指導計画は，原本（A3サイズに保護者印を押したもの）を保護者に，コピーを学校で保存し，担当者が金庫にあるファイルに綴じる。授業時数等は，見込みにて記入する（鉛筆書き）。（保護者には，見込みが変更になったときは，学校側の書類は書き換えることを伝える。）	※様式1，様式2の例示は別紙 ※作成日は起案〆切日に統一する。 懇談期間：9月24日～9月28日	9月1日提出 個人懇談終了後，担当者が速やかに金庫内の個人ファイルに綴じる。	教務（高等部は学年教務）	
	指導要録	●児童生徒氏名・保護者氏名，生年月日，現住所，現住所，入学前の経歴，入学・編入学等，学校名及び所在地を記入する。 ●学級，整理番号，校長氏名及び学級担任者氏名を記入する。（印は×） ●「入学時の障害の状況」の記入内容を起案し，浄書後，原本に転記する。	※各学部指導要録に関する内容は別紙 ※住所や名前の変更等があった場合には管理職に報告する。 ※住所，名前等の変更や転入があった場合には，小学部・中学部は，県より通知を待ってから記載の変更を行う。	（新入生・転入生以外）4月24日に記入内容を提出 ↓ 5月7日に原本を提出 （新入生・転入生）5月7日に記入内容を提出 ↓ 5月15日に原本を提出	教務（高等部は学年教務）	

学期	項目	具体的な流れ	備考	〆切日	提出先	データの場所
前期	単元計画	●在校生に関しては，旧担任が，「①具体的な指導内容」，「②児童生徒氏名」，「③目標」，「④支援・配慮」までが記入してあるため，新担任が加筆する。	※例示は別紙 ※前期単元計画・年間指導計画のファイルを作成し，配布する。 ※新担任が加筆した内容や単元の評価を忘れずに入力する。 ※終了した単元の評価を記載し，月初め（金）に単元評価を提出する。	教育課程編成の資料のため，適宜求める		
		●新入生（各学部の1年生）に関しては，「①具体的な指導内容」のみの記入のため，「②児童生徒氏名」，「③目標」，「④支援・配慮」は，新担任が，記入する。 ●前期のみ記入する。				
		●高等部の作業学習グループは，「①具体的な指導内容」のみの記入のため，「②児童・生徒氏名」，「③目標」，「④支援・配慮」は，新担当者が，記入する。				
		●各単元の授業終了後，「児童・生徒の変容」，「主な内容」「授業形態」「時数」を詳しく記入する。入力シートが複数枚になっても構わない。				
		後期に向けて				
		●各学級担任は後期の単元計画を，作成する。「①具体的な指導内容」，「②児童・生徒氏名」，「③目標」，「④支援・配慮」までを記入する。		9月30日提出	教務（高等部は学年教務）	

例2：保健部関係資料

ポイント	・電子データなので，効率よく作成できる！また，作成した書類を共有しやすい！ ・様式化することで，記入ミスが無くなり，正確な書類が作成できる！

校長	教頭	事務長	部主事	養護教諭	栄養教諭	実習責任者

平成26年度調理実習実施報告

平成　　年　　月報告

学部・学年	部　　年　　組	実施日	平成　年　月　日
実施場所		教科等名	
報告者 職氏名		単元名	

対象児童生徒についての確認	児童生徒名	健康状況確認				
		朝	食後すぐ	1時間後	2時間後	最終確認 (下校後)
	1					
	2					
	3					
	4					
	5					
	6					
	7					
	8					

管理職への報告等対応内容	

その他（配慮事項、気付き等）	特記事項
	処理状況 　・廃棄　・冷凍 　・販売　・試食　・その他

(例2：保健部関係資料【調理実習実施報告】)

校長	教頭	事務長	部主事	養護教諭	栄養教諭	実習責任者

平成26年度調理実習計画実施点検表①

学部・学年	部　　年　　組	実施日	平成　年　月　日
実施場所		教科等名	
実習責任者職氏名		単元名	
授業形態等			

対象児童生徒についての確認		児童生徒氏名	健康状況確認	食物アレルギーの有無
	1			
	2			
	3			
	4			
	5			
	6			
	7			
	8			

その他（配慮事項，気付き等）

（例2：保健部関係資料【調理実習計画実施点検表①】）

③ 全体計画（人権教育）を踏まえた授業実践の取組

　本校では，人権教育全体計画と年間指導計画がリンクするために，全体計画を道徳教育，人権教育，キャリア教育等で定めています。
　これは，全体計画を作成する上で，実際の授業場面で，全体計画が反映されていないことが課題としてあったためです。この課題を解決した流れで，以下に示したいと思います。

全体計画（図1）のポイント
1. 「自分を大切にし，他人を大切にし，共に生きていく」という人権尊重の理念を学校ごとに育てたい児童生徒の具体的な姿を描く。
2. 入学から卒業までの育てたい児童生徒の姿はどの学年も同じでなく違うはず。発達段階を考慮して児童生徒の実態を考え段階的に目標を設定する。
3. 学習指導要領をもとに教科等の特性を考慮して育てたい児童生徒の姿を実現するために，どの教科等でどのような力を身に付けさせたいのか明確にする。

関連整理表（図2）のポイント
1. 指導内容を縦軸にとり，横軸に学年部を配置して，関連表を構成する。
2. 縦軸の指導内容は，人権教育で身に付けさせたい力を分析し絞り込み，カテゴリー化した「生命」「自己」「他人」「自他をつなぐコミュニケーション」「社会を合理的に考える」で構成する。
3. 縦軸の指導内容と横軸の学年部が交差した枠に，何を対象として，どの学年で学習活動を進めるのか，教科等と単元名を記入する。その際，全体計画で示した各学年部ごとに重点化した各教科等と身に付けさせたい力を意識して配置し，全体計画との関連付けを図る。

　全体計画で育てたい児童生徒の姿や身に付けさせたい力がはっきりしてきたけど，年間指導計画にどう落とし込んでいけばいいの？
　年間指導計画は作ったけど，教科書から関係ありそうな内容を並べただけになってしまったわ…

単元系統表（図3）のポイント
1. 関連整理表で示した教科等の単元を縦軸にとり，横軸に学部と学年を配置して，単元系統表を構成する。
2. 各教科等の単元ごとに，学部・学年の発達段階の違いによる，単元目標の違いを明確にする。
3. 生活単元学習のような他教科等を統合したものは，それぞれの教科等の特性に応じた目標の違いを明確にしておく。

年間指導計画（図4）のポイント
1. 4月から3月までの期間で，教科等のねらいを達成しながら，同時に人権教育で身に付けさせたい力を，どの教科の，どの単元で，どのような内容を，どのような順序で計画的に配列するかを示す。
2. 各教科書のどこに人権教育で身に付けさせたい力と関連が深い記述があるかを記述する。
3. 人権教育で身に付けさせたい力を効果的に育成するため教科等と教科等の関連付けや，教科等と学校行事を関連付けてプログラム化する。

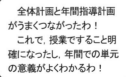

　全体計画と年間指導計画がうまくつながったわ！
　これで，授業ですること明確になったし，年間での単元の意義がよくわかるわ！

平成27年度 人権教育 全体計画

校番 113 番　庄原特別支援　学校

関係法令	学校教育目標	児童生徒・地域等の実態
日本国憲法 教育基本法 学校教育法 人権教育及び人権啓発の推進に関する法律 学習指導要領 広島県人権教育・啓発指針 広島県人権教育推進プラン	一人一人の特性に応じた教育を行い、その可能性を最大限に伸ばし、社会参加や自立につながる生き方ができる力を育てる。 (育てたい子供像) 知：学習活動を通して、自ら学び伸びようとする子供。 徳：人との関わりの中で、他者を尊重する心を持つ子供。 体：健康で安全に生活できる知識と体力を身に付けた子供。 ＊言語活動： 理解できる言葉を多くし、自分の意思を伝えるスキルを身に付けている子供。	・県北で唯一の知的障害特別支援学校であり就学区域が広い。 ・児童生徒数が増加傾向にあり、それに伴って障害も多様化している。 ・高等部においては、療育手帳判定の軽度の生徒の増加している。

学部の目標

小学部
・日常生活に必要な基本的な生活習慣を身に付ける。
・学習習慣の定着を図り、意欲的に学ぶ姿勢を養う。
・人と関わる体験学習を通して、人と関わることの大切さを知る。
・身体を動かす喜びを知り、健康に過ごす方法を知る。
・言語活動を通して、多くの言葉にふれ、理解できる言葉を増やす。

中学部
・日常生活に必要な基本的な生活習慣を日常生活の中で身に付ける。
・学習活動に積極的に参加する姿勢を養う。
・人と関わり合う中で他者を意識して活動する。
・健康で安全な生活をし、体力の維持向上をさせる。
・理解できる言葉を増やし、自分の思いを伝えるために使う。

高等部
・豊かな社会生活を送るために必要な生活習慣を身に付け、様々な場所で活用する。
・学習活動に主体的に参加し、自立と社会への意欲等を身に付ける。
・自分を大切にし、他者を尊重する態度を身に付け実践する。
・自分の身体や心について知り、生涯にわたって健康に過ごすための方法を身に付け、活用する。
・理解できる言葉とかかり合い伝え合う言葉を増やし、活用する。

人権教育の目標

自分の人権を守り、他者の人権を守ろうとする意識、意欲・態度を育てるために、人権に関する知識

小学部の目標
友達と一緒に遊び、人に関心をもち、相手にやさしくする活動を体験的に行う中で、人との大切さを大切にする気持ちを養う。

中学部の目標
人との関わりを大切にし、生徒が自ら考え、主体的に活動する態度を養うとともに、他者と協力して活動する態度を養う。

高等部の目標
体験活動から、必要に応じて、主体的に…

校長の方針の下、学校の全教職員による推進体制

小学部
[日常生活の指導]
相手を意識して、あいさつをすることに関心をもつ。
[生活単元学習]
友達と共同して単元の活動に取り組む態度を育てる。

中学部
[日常生活の指導]
気持ちの良いあいさつをし、時間を守ることの大切さを理解する。
[生活単元学習]
一人一人の生徒が力を発揮し、主体的に取り組むとともに、集団全体で単元の活動に取り組む態度を育てる。

高等部
[日常生活の指導]
自分から気持ちの良いあいさつをし、時間やルールを守って生活する。
[生活単元学習]
生活単元学習に…社会の一員としての自覚を高めて行動する態度を養う。

> 今回は、生活単元学習の「新入生歓迎」のカテゴリーで説明します。人権教育全体計画では、学校教育目標を基に、学校や地域等の実態を分析して、計画されています。そして、各教科等における指導方針を定めています。また、小学部から高等部まで、系統性を考慮して指導方針は設定されています。

図1

道徳教育	**キャリア教育**	**家庭・地域との連携**
・自他の生命を尊重する精神を養う。 ・自律及び社会連帯の精神を養う。 ・義務を果たし責任を重んじる態度を養う。 ・人権を尊重し差別のないよりよい社会を実現しようとする態度を養う。	・自己と他者の互いを認め合うことを大切にして行動することができる能力を養う。 ・適切なコミュニケーションを図り豊かな人間関係を築きながら、自己の成長を果たしていくことができる能力を養う。	・学校における人権教育への理解と協力を求める。（PTA活動、授業参観、懇談会、家庭訪問、学校行事、公開授業研究会、就業体験、ホームページ、学校関係者評価委員会等）

各教科等における指導方針	各教科・領域等	[遊びの指導] 人との関わりを大切にし、友達といろいろな遊びを経験することの基礎を養う。 [作業学習] 自分の役割を理解し、他の生徒と協力して作業活動に取り組むことでコミュニケーション能力を育てる。 [音楽] 音楽の関連を図り、興味・関心を深めながら生活と音楽の関連を図り、生活を明るく楽しいものにする態度と習慣を育てる。 [保健体育] きまりや簡単なスポーツのルールなどを守り、友達と協力して安全に運動する態度を育てる。	[作業学習] 職業生活に必要とされるマナーや態度を学び、学習活動においても活用することで他者と協働して作業を行い、コミュニケーション能力を高める。 [国語] 日常生活に必要な国語の理解や表現力をさらに深め、「聞く」「話す」「読む」「書く」ことを踏まえて生活の中で適切に活用する力を育てる。 [数学] 日常生活に必要な数量などに関する理解を深め、分析などに必要な数量を考える力やそれらを実際の生活場面で取り扱い、生活に生かしていく能力と態度を育てる。 [音楽] 表現及び鑑賞の能力を伸ばし、自己選択によって音楽活動の意欲を高めるとともに、生活を明るく音楽しいものにする態度と習慣を育て、生涯を通じて音楽を楽しむ態度を養う。 [美術] 基礎的な造形活動の経験をもとにして、表現及び鑑賞の能力を一層高め、基礎的、発展的な創造活動の芽生えを豊かにする情操等を培う。 [保健体育] きまりやいろいろなスポーツのルールなどを守り、友達と協力し、進んで安全に運動を楽しむ態度を育てる。
	特別活動	集団での活動を通して、友達と仲良く活動する態度を育てる。	集団での活動し合い活動を通して、他者と協力し生活上の諸問題を解決し、望ましい人間関係を築く態度や技能等を養う。
	総合的な学習の時間		社会と関わる体験活動を通して、自ら考え、主体的に判断する態度を養う。	自然体験活動、国際理解、地域の文化の学習活動を通して、さまざまな情報を収集・活用しながら課題を見つけ、主体的に判断し、よりよく問題を解決しようとする考える力を身に付ける。
	自立活動	個々の児童又は生徒が自立を目指し、障害による学習上又は生活上の困難を主体的に改善・克服するために必要な知識、技能、態度及び習慣を養い、もって心身の調和的発達の基盤を培う。

児童生徒の人権が尊重されている教育の場としての学校・学級の確立
―教職員研修―

【人権教育の基盤】

○[第3次とりまとめ]の理論研修を行い、教職員の人権教育に対する理解を深める。
○授業研究を通して、生徒の自己肯定感や自他の尊重といった価値や能動的な傾聴やコミュニケーションといった技能に対する教職員の指導力の向上を図る。
○教職員の人権感覚を高めるために、参加体験型の研修を実施する。

143

人権教育全体計画と各教科等における関連整理表

	人権教育指導内容	小学部 各教科等	小学部 単元名等	中学部 各教科等	中学部 単元名等	高等部 各教科等	高等部 単元名等
1	生命の尊さ	生活単元学習	保健教育（生活上の課題）・私の体①②③④	生活単元学習	保健教育（生活上の課題）・心と身体の健康		
			平和学習（季節）・友達と一緒に（平和学習）		平和学習（季節）・平和学習	生活単元学習	平和学習（季節）・平和学習
				保健体育	保健分野の、全単元の下記の内容・目標(3)	保健体育	保健分野の、全単元の下記の内容・保体(3)
2	自己についての肯定的な態度	日常生活の指導	重点関連内容・目標選定 ・生活(1)身辺処理 ・生活(2)健康で安全な生活			日常生活の指導	重点関連内容・目標選定 ・国語(2) ・保体(3) ・職・家(7)	日常生活の指導	重点関連内容・目標選定 ・社会(1) ・保体(3) ・家庭(1)
		生活単元学習	進路学習（生活上の課題）・ここにこにこパーティーを開こう(1〜4年) ・ここにこレストランへようこそ(5,6年)		進路学習（生活上の課題）・進路学習・家庭生活	生活単元学習	進路学習（生活上の課題）・進路学習
			運動会（見…）				運動会（学校行事）・運動会
						美術	全単元の以下の内容・目標 美術(1)(3)
		特別活動	運動会			特別活動	運動会
		日常生活の指導	重点関連内容・生活(4)…				
		生活単元学習	新入生歓迎(学校行事)・入学をお祝いしよう	生活単元学習	新入生歓迎(学校行事)・新入生歓迎会	生活単元学習	新入生歓迎(学校行事)・新入生歓迎について

> 人権教育の指導内容を、「自己」「他人」「社会」と視点を拡大して考えています。その理由として、「自己」「他人」と社会（学校→地域社会→日本や世界）の関係を「合理的な思考」つなぐと考えられるからです。生活単元学習の「新入生歓迎」のカテゴリーは、他人との共生・共感の大切さを育てることを、目的としています。

図2

		生活単元学習	社会の仕組(生活上の課題)・のびのび探検隊(町の秘密)・公園へ行こう・宿泊学習(5年のみ)・修学旅行(6年のみ)	生活単元学習	社会の仕組(生活上の課題)・私たちの住む町・秋の遠足・宿泊学習(2年のみ)・修学旅行(3年のみ)	生活単元学習	社会の仕組(生活上の課題)・進路学習・秋のウォーキング・宿泊学習(1年のみ)・修学旅行(2年のみ)・社会のしくみ
3	他人との共生・共感の大切さ	生活単元学習	遊びの指導(うんどう)(おはなし)(おんがく)(ぞうけい) 全単元の下記の内容・目標 生活(3)教師や友達と同じ場所で遊ぶ 生活(5)教師と一緒に集団活動に参加する	作業学習	全単元の下記の内容・目標・職業(4)	作業学習	全単元の下記の内容・目標・職業(3)
				保健体育	体育分野の、全単元の下記の内容・目標・保体(2)	保健体育	体育分野の、全単元の下記の内容・目標・保体(2)
				音楽	全単元の以下の内容・目標・音楽(3)(4)	音楽	全単元の以下の内容・目標・音楽(3)(4)
		特別活動	宿泊学習 修学旅行	特別活動	宿泊学習 修学旅行	特別活動	宿泊学習 修学旅行
4	能動的な傾聴、適切な自己表現等を可能とするコミュニケーション技能	生活単元学習	学習発表会(学校行事)・みてみて私の出番です②(にこにこ祭)	生活単元学習	学習発表会(学校行事)・学習発表会に向けて	生活単元学習	学習発表会(学校行事)・学習発表会に向けて
						国語	自己紹介 話し合いの力 俳句 インタビュー 自分史 あいさつや会話の力
		特別活動	にこにこ祭	特別活動	にこにこ祭	特別活動	にこにこ祭
5	合理的、分析的に思考する技能			生活単元学習	学校の仕組み(生活上の課題)・学校のきまり・学校のしくみ	生活単元学習	学校の仕組み(生活上の課題)(1年生)、高校2年生、高校3年生・社会のしくみ
						数学	全単元の下記の内容・目標・数学(1)
				総合的な学習の時間	自然体験 稲作体験①② 地域 地域理解(県北地域) 国際理解・多文化体験	総合的な学習の時間	自然体験・自然体験活動①(畑作業等) 地域・地域の文化理解 国際理解・国際理解

※生活単元学習、総合的な時間、総合的な学習の時間については、単元の最初の目標を人権教育の重点関連目標とする。
※生活単元学習、総合的な学習の時間については、教科書名に続く(括弧)は、特別支援学校(知的障害)学習指導要領の内容を示す。

平成27年度　生活単元学習　単元系統表＜単一障害学級＞

		小学部 1段階	小学部 2段階	小学部 3段階	中学部	
特別支援学校（知的障害）学習指導要領における段階		小学部1・2年	小学部3・4年	小学部5・6年	中学部1年	中学部2年
新入生歓迎	単元名	入学をお祝いしよう（1年生）2 ・1年生を迎える会に向けての準備 2 入学をお祝いしよう（2年生）2 ・1年生へのプレゼント作り 1 ・振返り 1	入学をお祝いしよう 2 ・1年生へのプレゼント作り 1 ・振返り 1	入学をお祝いしよう 2 ・1年生へのプレゼント作り 1 ・振返り 1	新入生歓迎会 4 ・事前学習（自己紹介カード作りなど）2 ・事後学習 2	新入生歓迎会 6 ・計画と準備（役割分担・プログラム作成・司会準備など）4 ・事後学習 2
	単元目標	☆1年生を迎える会で行う遊びを知り，友達と遊ぶことができる。(生1(3)道徳，人権) ☆1年生を迎える会に〔向けて〕，教室の飾りなどを作ること〔ができる〕。(図1(1))	☆1年生を迎える会で行う遊びを知り，友達と一緒に簡単なきまりを守って，遊ぶことができる。(生2(3)道徳，人権) ☆1年生に渡すプレゼントなどを作ることができる。(図2(1))	☆1年生を迎える会で行う遊びを知り，友達に自分から関わり遊ぶことができる。(生3(3)道徳，人権) ☆渡す相手を意識して，プレゼントを作ることができる。(図3(1))	☆新入生歓迎会を通して，集団生活の流れに乗り，一緒に活動したり，分担された役割を果たしたりすることができる。(社(1)道徳，人権) ・新入生歓迎会に向けて，見聞きしたことや体験したことなどを，感情や状態，動作を表す言葉を使い，事柄の順序をたどって，およその用件を話すことができる。(国(2)) ☆新入生歓迎会のプログラム作りを通して，正方形，長方形，三角形，円などのおよその特徴を分かり，三角定規やコンパスを使って簡単な図形を描くことができる。(数(3)) ・新入生歓迎会の予定確認を通して，1週間，1ヶ月，1年間の関係が分かる。(数(4)) ・春の歌を聴いて，自分の好きな音楽のメロディに関心を向け，口ずさむなどして聴くことができる。(音(1)) ・春の歌を聴いて，音楽の曲想や雰囲気を感じ取り，イメージをつくりながら，自由に身体表現することができる。(音(2)) ・新入生歓迎会に向けた学習を通して，公共施設の名称，場所，働きを知り，利用することができる。(社(3))	☆新入生歓迎会を通して，ふさわしい行動をしたり，困った時，分からない時は，人に尋ねたり教えてもらったりすることができる。(社(1)道徳，人権) ・新入生歓迎会に向けて，自分の意見をみんなに分かるように話したり，人に尋ねられたときに，はっきりと応答したりすることができる。(国(2)) ☆新入生歓迎会の予定表作りを通して，上下，前後，左右などから，何番目かの位置（2次元）が分かり，生活の中で活用することができる。(数(3)) ・新入生歓迎会の予定確認を通して，1時間＝60分の関係が分かり，時刻を1分単位まで正確に読み取ることができる。(数(4)) ・春の歌を聴いて，自然の音や生活の中から聞こえる，いろいろな音の音色や響きに興味をもって聴くことができる。(音(1)) ・春の歌を聴いて，音楽のテンポや強弱・リズムに合わせて身体表現することができる。(音(2)) ・新入生歓迎会に向けた学習を通して，自分や友達などの生活と公共施設の関連について知ることができる。(社(3))

単元系統表を用いて，付けたい力に基づいて設定した単元目標に，人権教育の指導内容を関連付ける。

図3

学校行事と関連付けた単元

中学部 中学部3年	高等部 1段階 高等部1年	高等部 2段階 高等部2年	高等部 2段階 高等部3年	付けたい力
新入生歓迎会　6 ・計画と準備(役割分担・ゲームの得点板の作成・司会準備など)　4 ・事後学習　2	新入生歓迎①「新入生歓迎会について」1 ・事前学習(自己紹介文,カードつくりなど)　1 ※新入生歓迎会　4月初旬実施	新入生歓迎②「新入生歓迎会について」2 ・計画と準備など(自己紹介文,カードつくり,役割分担,プログラム作成など)　2 ※新入生歓迎会　4月初旬実施	新入生歓迎③「新入生歓迎会について」2 ・計画と準備など(自己紹介文,カードつくり,役割分担,司会準備など)　2 ※新入生歓迎会　4月初旬実施	
☆新入生歓迎会を通して,友達が困っているのを見たら,手助けをしたり,自分の意見を述べたり,相手の意見を聞いたりすることができる。(社(1)道徳,人権)	☆相手や自分の立場を理解し,互いに協力して役割や責任を果たすことができる。(社1(1)道徳,人権)	☆個人と学校内での関係が分かり,学校内の一員としての自覚をもつことができる。(社2(1)道徳,人権)	☆個人と学校内での関係が分かり,学校内の一員としての自覚や責任感をもつことができる。(社2(1)道徳,人権)	他者を意識した関わりをする力
・新入生歓迎会に向けて,「いつ,どこで,だれが,何を,どうしたか」に沿って,発音,速さ,声の大きさに気を付けて話をすることができる。(国(2))	☆自己紹介文を目的に応じて正しく書くことができる。(国1(4))	・新入生歓迎会での役割を分担する際に話し手の意図や気持ちを考えながら,話の内容を適切に聞き取ることができる。(国2(1))	・新入生歓迎会での役割を分担する際に話し手の立場や意図,気持ちを考えながら,話の内容を適切に聞き取ることができる。(国2(1))	
☆新入生歓迎会のゲーム得点表作りを通して,棒グラフや絵グラフなどを読みとったり書いたりすることができる。(数(3))	☆自己紹介文やカードの作成時に図形を正しく作図したり,表やグラフを工夫して作ったりすることができる。(数1(3))	☆新入生歓迎会での役割を分担する際に自分の立場や意図をはっきりさせながら,相手や目的,場に応じて適切に話すことができる。(国2(2))	☆新入生歓迎会での役割を分担する際に自分の立場や意図をはっきりさせながら,意見を整理して,相手や目的,場に応じて適切に話すことができる。(国2(2))	
・新入生歓迎会の予定確認を通して,生活の中で必要に応じて時刻や時間を求め,大まかに時間の経過が分かる。(数(4))	☆新入生歓迎会の予定を確認する際に時計・暦などの正しい使い方を分かる。(数1(4))	☆自己紹介文やプログラムなどを,相手や目的に応じていろいろな文章で適切に書くことができる。(国2(4))	☆自己紹介文や司会原稿などを,相手や目的に応じて,正しい語句で分かりやすい文章を適切に書くことができる。(国2(4))	
・春の歌を聴いて,拍子やリズム・旋律や速度の変化などの曲の特徴に興味をもって聴くことができる。(音(1))		・自己紹介カード作成時に,さまざまな図形,表やグラフを理解し,工夫して使うことができる。(数2(3))	・自己紹介カード作成時に,さまざまな図形,表やグラフの内容や必要性を理解し,工夫して適切に使うことができる。(数2(3))	
・春の歌を聴いて,音楽の曲の趣を感じながら,友達と一緒にダンスを楽しむことができる。(音(2))		・新入生歓迎会のプログラム作成時などに時計・暦などを使うことができる。(数2(4))	・新入生歓迎会のプログラム作成時などに時計・暦などを工夫して使うことができる。(数2(4))	
・新入生歓迎会に向けた学習を通して,公共施設を利用すると社会生活を快適に営むことができることを理解することができる。(社(3))		・新入生歓迎会の準備に関わって,生活の中で情報やコンピュータなどの情報機器が果たしている役割を知り,それらの活用に関心をもつことができる。(情2(1))	・新入生歓迎会の準備に関わって,生活や社会で情報やコンピュータなどの情報機器が果たしている役割を知り,それらの活用に関心をもつことができる。(情2(1))	
		・新入生歓迎会の準備に関わってコンピュータなどの情報機器の扱い方が分かり,操作することができる。(情2(2))	・新入生歓迎会の準備に関わってコンピュータなどの情報機器の扱い方が分かり,活用することができる。(情2(2))	
		・新入生歓迎会の準備に関わって各種のソフトウェアの操作に慣れ,生活や作業場面で操作することができる。(情2(3))	・新入生歓迎会の準備に関わって各種のソフトウェアの操作に慣れ,生活や作業場面で活用することができる。(情2(3))	
		・新入生歓迎会の準備に関わってコンピュータなどの情報機器を利用した情報の収集,処理及び発信の方法が分かり,実際に活用することができる。(情2(4))	・新入生歓迎会の準備に関わってコンピュータなどの情報機器を利用した情報の収集,処理及び発信の方法が分かり,安全に留意して実際に活用することができる。(情2(4))	

様式18

広島県立庄原特別支援学校　　　分校・分級・分教室

障害種別

平成27年度年間指導計画

校番	113					
学部	中学部	学年	第 1 学年	教科等	生活単元学習	
		教育課程	単一障害	年間授業時数	245 時間	

目標：
・学校行事と関連付けた単元や生活上の課題をもとにした単元を通して、集団生活の流れに乗り、一緒に活動したり、分担された役割を果たしたりすることができる。
・季節や季節の行事と関連付けた単元を通して、身近な生物の特徴、自然の事物・現象に関心をもつことができる。

教科書：
A) 国語 ☆☆☆☆☆（東書）　B) 数学 ☆☆☆☆☆（教出）　C) 音楽 ☆☆☆☆（東書）
D) ことばでひらく絵のせかいはじめてのであう美術館（フレーベル）　E) 改訂新版体験を広げるこどもずかん9 からだとけんこう（ひかりのくに）　F) いちばんわかりやすい小学生のための学習世界地図帳（成美堂）
G) ふしぎをたずねるずかん図鑑しぜんあそび（フレーベル）　H) ひとりでできるもん！5すてきなおかし作り（金の星社）　I) あかね書房の学習えほんぞうさんのほんえいごのピクニック（あかね書房）

月	単元(題材)名	時数	単元(題材)目標	指導内容	教科書	授業形態			理由
						学級	合同	学部	全校
	学校のきまり	11	☆学校内にはいろいろなきまりがあることを知り、それらを学校で守ることができる。(社(2)道徳、人権) ・学校のきまりについて、教師など周りの大人の説明や家族、友達の話を聞いて、その内容を大まかに理解することができる。(国(1)) ・自分のことについて、見聞きしたことや体験したことなどを、感情や状態、動作を表す言葉を使い、事柄の順序をたどって、おおよその用件を話すことができる。(国(2)) ・学校生活の流れの学習を通して、1週間、1ヶ月、1年間の関係が分かる。(数(2)) ☆学校生活の中での役割を理解し、集団生活の流れに乗り、一緒に活動したり、分担された役割を果たしたりすることができる。(社(1)) ・学校生活で扱う電気、食品な洗剤や石けん、食品などについて、用途、使用手順、取扱いを知ることができる。(理(3))	友だちを知る（自己紹介など）	A, B, C, D, F, H	2			
				学校の施設などについて		2			
				学級準備（係、役割決めなど）		4			
				中学部や学校のきまり （生徒会など）		3			

図4

> 最終的に指導者が授業をする上で活用する。年間指導計画に人権教育の内容を落とし込む。

活動	数	内容	関連項目
			作物の栽培計画
	1		畑の準備
			作物の植え付け
	2		事前学習（自己紹介カード作りなど）
	2		事後学習	A, B, C, D, E, G, H, I
作物の栽培①（プチトマトなど）	4	☆野菜の特徴、その成長の様子について、関心をもつことができる。(理(2)道徳、人権) ・野菜の成長について、教師や友達の話を聞いて、その内容を大まかに理解することができる。(国(1)) ・簡単な観察日記などの内容を、句読点の使い方、長音、拗音、促音、はつ音、助詞の使い方、漢字や片仮名の使い方などに気をつけて書くことができる。(国(4)) ☆苗や野菜の数について、1から1,000までの数の範囲で、数字を読んだり書いたりすることができる。(数(1)) ☆収穫した野菜の長さに、単位があることを理解することができる。(数(2)) ・野菜の栽培を通して、身近な自然の事物・現象について関心をもつことができる。(理(4))	
新入生歓迎会	6 4	☆新入生歓迎会を通して、集団生活の流れに乗り、一緒に活動したり、分担された役割を果たしたりすることができる。(社(1)道徳、人権) ・新入生歓迎会に向けて、見聞きしたことや体験したことなどを、感情や状態、動作を表す言葉を使い、事柄の順序をたどって、およその用件を話すことができる。(国(2)) ☆新入生歓迎会のプログラム作りを通して、正方形、長方形、三角形、円などのおよその特徴を分かり、三角定規やコンパスを使って簡単な図形を描くことができる。(数(3)) ・新入生歓迎会の予定確認を通して、1週間、1ヶ月、1年間の関係が分かる。(数(4)) ・春の歌を聴いて、自分の好きな音楽のメロディに関心を向け、口ずさむなどして聴くことができる。(音(1)) ・春の歌を聴いて、音楽の曲想や雰囲気を感じ取り、イメージをつくりながら、自由に身体表現することができる。(音(2)) ・新入生歓迎会に向けた学習を通して、公共施設の名称、場所、働きを知り、利用することができる。(社(3))	

149

【2】広島県特別支援学校技能検定

　広島県特別支援学校技能検定は，特別支援学校高等部に在籍する知的障害のある生徒の就労を支援するため，広島県教育委員会が，関係企業団体や学校と連携して広島県独自の認定資格を開発し，審査員が評価表に基づき，受検者のあいさつ，態度及び技能等を審査し，できたことを評価して，1級から10級までの区分で認定するものです。また，作業学習等で身に付けた知識，技能及び態度の評価及び資格認定を受けることを通して，生徒の将来の職業的自立に向けた力の一層の向上を図ることを目的とし，行われています。

分　野	種　目
流通・物流	商品化，運搬・陳列
食品加工	調理（おにぎり），技術（ポテトサラダ）
清　掃	テーブル拭き，自在ぼうき，モップ，ダスタークロス，スクイージー
接　客	商品化，運搬・陳列
ワープロ	商品化，運搬・陳列

　本校では，高等部の作業学習（作業応用）という授業で，この技能検定の内容に特化した授業を行っています。授業の中で，友達と試技をお互いに見合い，評価をし合いながら，練習に取り組んでいます。授業でうまくできても，本番で大事な手順を抜かしたりしてしまった場合は，「級なし」との判断をされることもあります。「練習は裏切らない」という言葉を合言葉に，日々，練習に励んでいます。学校とは違う緊張した場面で，自分の名前を言う，挨拶をする，手順通りにすすめる，ということが試されます。審査員の方から，よかった点，改善点について聞くこともできるため，自分の試技を振り返り，次回に向けて改善していくこともできます。閉会式では，それぞれの級の賞状をいただき，うれしそうな表情をした生徒の姿が見られています。また，ときには結果が振るわず，くやしい思いをすることもあります。本校では，学校においても「校長賞」を準備しており，技能検定に参加したことを表彰する機会も設けています。様々な機会を捉えて，チャレンジする気持ちを育て，応援しています。

清掃（モップ）をしているところです。決められた枠の中を，拭き残しのないように，丁寧に掃除していきます。

食品加工分野の調理（おにぎり）をしているところです。服装のチェック，手洗い，物の準備，調理の手順等，覚えることがたくさんあります。

閉会式で賞状をもらっているところです。本番一発勝負で，何級をもらえるのか，みんな緊張しています。

　できることが増え，自分がやったことを他者に認められる機会が増えており，一人一人の生徒が自信をつけていっています。

【3】本校の教育課程研究の変遷 ～過去の資料を振り返る～

① 平成23年度教育課程検討会議

　本校では平成23年7月21日に，平成24年度教育課程を研究するために，教育課程検討会議を校長の諮問機関として立ち上げた。諮問機関は，管理職，各学部の教務主任と教育課程編成に向けて中心的に活動できるメンバーで構成した。その会議では，はじめに，平成23年度までの本校の教育課程の現状について振り返ってみた。

　その結果，図－1に示すように4点を現状として挙げることができた。具体的には各教科等の年間指導計画そのものが，目の前の児童生徒にできそうな活動を編みこんだだけのものであり，学校として取組を一貫して積み上げ，目標に向けて児童生徒を育てていくというあたりまえの道筋が見えないものであった。すなわち，「このような力を付ける授業を行う」という基本的な考え方からスタートしておらず，学部の目標をふまえていないという事が挙げられた。学校経営計画等には各学部が学部目標を掲げているが，実際には教育課程上にあまり反映されておらず，かけ離れていたのが事実である。つまり学部目標と年間指導計画は別物になっていた。

　また，年間指導計画を洗いなおしたときに，学習指導要領の目標がふまえられていないことや，学習指導要領における指導するべき内容のすべてを網羅できていないという事も分かった。

```
平成23年度までの教育課程の現状について
　　　　　　　　　　　　　　　（庄原特別支援学校）
①学部の目標をふまえていない
②学習指導要領の目標がふまえられていない
③学習指導要領における指導するべき内容の
　すべてを網羅できていない
④合わせた指導の中で教科等の目標が意識さ
　れていない
```
図－1

　さらに，合わせた指導の中で教科等の目標が意識されないまま，単元等の目標が設定され，授業が展開されているという事も分かってきた。

② 平成24年度の教育課程編成について

　平成23年度教育課程検討会議では，平成24年度教育課程を編成するにあたり，本校では，学校経営計画の「育てたい子供像」をふまえ，各学部目標を設定し，そこから各学部の「育てたい子供像」を明らかにし，各学部において「付けたい力」を洗い出してみた。

　また，その「付けたい力」を身に付けさせるためには，具体的にどのような指導内容が考えられるのか，また，その内容に含まれる教科等はどの教科等なのかについて考えていった。

　さらに，学習指導要領での位置付けを確認するために，学習指導要領における各教科等の目標のどの内容のどの段階に相当するのかについて，各学部で整理し

た。これらをまとめて平成24年度の教育課程を編成した。特徴としては，「付けたい力」，「含まれる教科名」，「学習指導要領での位置付け」という項目があることである。

③ 平成24年度教育課程検討会議

平成24年度教育課程検討会議で，まず行ったことは，前年度に作成した教育課程の評価である。

実際の作業は，全教職員で夏休み初旬に実施した。評価の具体的な方法は，平成24年度から導入した「付けたい力」が，本当に児童生徒に付いてきているのかという視点で，目標に対する児童生徒の変容について，全職員に「平成25年度教育課程編成に係るアンケート」を提示し記入した。

結果は，各学年，教科等によりバラつきはあるものの，概ね「付いている」という評価に集約された。また，この作業の中でまだ精度は低いかもしれないが，授業を実施していく中で，授業の目標や児童生徒の変容が大切であることが各授業担当者まで意識されはじめてきているという実感があった。

④ 平成25年度の教育課程編成についての考え方

ポイントは，図－2に示すように大きく2つである。

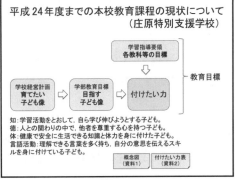

1つ目は，学校経営計画に基づき，育てたい子ども像を明確に意識すること。その根底には，常に授業改善を意識していくことである。

そして，2つ目は，特別支援学校学習指導要領に基づいたものにしていくということである。そこで，平成25年度教育課程検討会議の第1回目は，特別支援学校学習指導要領のうち，教育課程編成に関する箇所の読み合わせからスタートした。

本校の考える「付けたい力」については，平成23年度の研究を踏まえ，平成24年度の教育課程編成時に明確に位置付けたものである（図－3）。その「付けたい力」とは，学校経営計画に掲げる「育てたい子供像」から，各学部が掲げる「目

指す子供像」を設定し，学習指導要領における各教科等の目標を達成させるために必要だと考えられる具体的な力である（図3参照）。この「付けたい力」までが教育課程編成における「教育目標」に相当する。

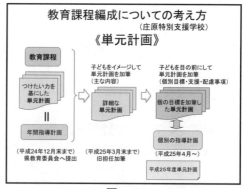

図－4

続いて，定められた「付けたい力」から，具体的に指導目標や指導内容を検討した。

具体的には，図－4に示すように，「付けたい力」と学習指導要領の各教科等の目標を基に，指導形態別に目標を設定し，さらにそれを基に教科等の単元の構成，項目及び目標を設定した。そして，最後に各単元に必要と考えられる時間数を検討し割り振りを行った。これで，教育課程の3要素が揃い，平成25年度の教育課程編成のベースが出来上がった。

ここまでで，「付けたい力」を基にした「単元構成表」が出来上がり，いわゆる教育課程の幹の部分は出来上がった（図－4）。その単元構成表を基に，平成25年度の単元計画を全教職員の力で作成した。

また平成25年度単元計画の様式では，付けたい力，含まれる教科名，学習指導要領での位置付けについては昨年度通り残し，さらに個別の指導計画を意識し，児童生徒個別の目標や支援も記入するようにした。

平成24年10月に，広島県教育委員会から特別支援学校統一の年間指導計画の様式が通知された。そこで，単元計画は校内のみで活用することとし，広島県教育委員会の様式に年間指導計画を転記し提出した。

平成25年3月末に，旧担任が②児童生徒氏名，③目標，④支援・配慮について加筆した。

そして，年度が変わり，平成25年4月に新担任がここまでの記入について，加筆があれば加筆を行う。実はこれが個別の指導計画の基になっていくものである。

さらに，その単元の指導が終わったら，この単元計画の最後までを記入する。項目としては，児童生徒の変容，つまり個別の指導計画における評価に相当する項目についてである。そして，最後に，単元の主な内容，授業形態，時数について評価，課題，改善策，更に目標に対する達成度をＡＢＣＤで記入する。

⑤ 教育課程の評価についての考え方（P.156，158，159　資料参照）

図－5に教育課程におけるPDCAサイクルとしてPDまでを大文字で示している。

4月以降に加筆した単元計画を基に，各授業の指導略案が作成される。これが日々の授業改善におけるpdcaサイクルで，小文字で表記されているpに相当する。

その略案を基に授業dが展開され，日々の学習評価を行う。これがcに相当する。

この日々の学習評価については、本校では教育研究部が担当し、指導略案の様式も学習評価を記入できるように様式が設定されている。そして、その学習評価を基に日々授業改善を行っていく。1つの単元が終わったら、単元計画に指導の評価、つまり個別の指導計画の評価につながる項目を記入する。また、単元の評価についても記入するが、この部分が、いわゆるCに相当する部分となる（図－6）。これを単元ごとに繰り返し、データを蓄積することで教科等への振分けや単元構成、項目、目標、時数について次年度の教育課程を検討する際に非常に参考となるデータになる。そのデータを基に次年度の教育課程を検討していくことになる。つまり、最後のAである。

以上の様な流れで、教育課程を評価していくこととした。

実は「付けたい力」は庄原特別支援学校では学校経営計画が変更されるまでは影響を受けない。

何故ならば、「付けたい力」は目の前にいる児童生徒ができそうな活動をかき集めたものではなく、学校経営計画の育てたい子ども像と学習指導要領から作り上げたものであるからである。

庄原特別支援学校では児童生徒をこのように育て、このような力を付ける授業を展開していくという内容を明記したものが教育課程であると考えている。

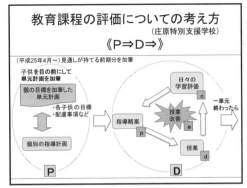

図－5

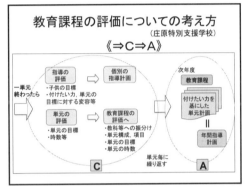

図－6

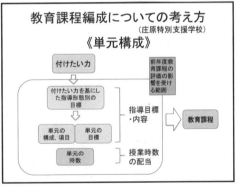

図－7

したがって、前年度の教育課程の評価の影響を受ける範囲は、図－7の四角で囲った、指導目標・内容・配当時数の部分だけということになる。

「教育課程は研究するものである」ということばを実践できるよう、本校では日々の授業を適切に企画し、実施し、評価することを積み重ねていくことにより、教育課程を検討するシステムを構築してきた。

この実践的研究は、精度をあげながら今後引き続き取り組んでいく。

本コラムの内容は、平成25年4月に本校が作成した「特色ある教育課程の編成～本校の実践研究を通して～」より引用した。平成25年4月段階での取組過程である。

| 高等部 | 第1学年 | 単一障害類型Ⅰ | 生活単元学習 | 年間時数 | 105 |

指導目標
- 様々な学習を通して自分を表現しようとする意欲を育てる。
- 社会の様子や働きに関心を持ち、社会生活に必要な態度を育てる。

使用教科書
A《くらしに役立つ国語》B《自立生活ハンドブック1》C《くらしに役立つ数学》D《ニューワイド学研の図鑑実験・自由研究》E《自立生活ハンドブック4》F《やさしい2部合唱学園愛唱歌選集》G《美術資料》(Let's GOピクチャーディクショナリー・バイリンガル)H《新・子どもクッキング》I《私たちの進路あしたへのステップ》J《超入門 この本まったく分からないパソコン入門》

	単元名	時数	単元目標	時数	小単元(主な内容等)	時数	教科書	授業形態・時数	つけたい力	含まれる教科	学習指導要領での位置付け
4	春の生活	31	春・地域の行事を知り、積極的に参加する		・学校生活に慣れよう ・生徒指導規程について ・新入生歓迎にむけて ・地域の伝統文化(花田植え) ・運動会のポスター作り ・運動会の準備と練習	4 1 2 9 1 14	A B D F G E	学年・1、学級・3 学級・1 学級・2 学部・5、グループ別・4 学部・1 全学年、学部・2、学年・5	社会生活に必要なことを知り、周囲の人との関係や社会生活の中で役立てる力 他者を尊重する力 主体的に活動する力 地域社会や周囲とのつながりの中で自分の生活を高める力 自分の意思を伝える&スキルを身につけ、他者との豊かなコミュニケーションを図る力 自ら学び、自ら考える力	国語 社会 理科 音楽 美術 保健体育	1段階(1)～(4) 1段階(1),(2) 1段階(4) 1段階(1)～(4) 1段階(1) 1段階(1)
5	社会のしくみ①	1	社会のしくみを知る	1	・児童生徒総会にむけて	1	A	学級・1	社会生活に必要なことを知り、周囲の人との関係や社会生活の中で役立てる力 他者を尊重する力 自分の意思を伝える&スキルを身につけ、生活の中で使い、他者との豊かなコミュニケーションを図る力	国語 社会 理科 家庭 職業	1段階(1)～(4) 1段階(1) 1段階(2)～(4) 1段階(2),(3) 1段階(4),(6)
	夏の生活	4	積極的に参加する	4	・畑仕事をしよう ・収穫物を使ったメニューを考え調理しよう	2 2	B D	学級・2 学級・2			
6	進路を考える	1	卒業後の進路について考える	1	・卒業生の先輩の話を聞こう	1	J	学部1			
7	宿泊学習	6	集団生活や公共の施設などの利用について学習する	6	・宿泊学習に向けて	6	A B C	学級・6	社会生活に必要なことを知り、周囲の人との関係や社会生活の中で役立てる力 主体的に活動する力 他者を尊重する力 地域社会や周囲とのつながりの中で自分の生活を高める力 意欲を持って学ぶ力 自ら考え、自ら学ぶ力	国語 社会 数学 家庭	1段階(1)～(4) 1段階(1)～(4) 1段階(4) 1段階(2),(3)
8	平和について	2	平和の大切さを学ぶ	2	・平和について	2	A B	学級・2	社会生活に必要なことを知り、周囲の人との関係や社会生活の中で役立てる力 自分の意思を伝える&スキルを身につけ、生活の中で使い、他者との豊かなコミュニケーションを図る力	国語 社会	1段階(1)～(4) 1段階(1)～(5)
前期	秋の生活	4	秋の行事を知り、積極的に参加する	4	・遠足の計画と準備 ・畑仕事をしよう	2 2	A B	学年・1、学級・2 学級・2	社会生活に必要なことを知り、周囲の人との関係や社会生活の中で役立てる力 主体的に活動する力 他者を尊重する力	国語 社会 理科	1段階(1)～(4) 1段階(1)～(3) 1段階(2)～(4)
9	宿泊学習	4	集団生活や公共の施設などの利用について学習する	4	・宿泊学習に向けて	4	A B	学年・1、学級・3			
	進路を考える	2	卒業後の進路について考える	2	・就業体験に向けて	2	J K I	学級・2	社会生活に必要なことを知り、周囲の人との関係や社会生活の中で役立てる力 主体的に活動する力 意欲を持って活動する力 自分を高める力	国語 社会 職業 情報	1段階(1)～(4) 1段階(1),(2) 1段階(4),(6) 1段階(2),(3)

		単元名	主な学習内容	時数	重点	授業形態	育てたい力	関連教科	段階
	10	宿泊学習	宿泊学習の振り返り・宿泊学習の感想を書こう	13	2	A	学年・1、学級・1	社会生活に必要なことを知り、周囲の人との関係や社会生活の中で役立てる力 主体的に活動する力 他者を尊重する力 自分の意思を伝えるスキルを身につけ、生活の中で使い、他者との豊かなコミュニケーションを図る力	国語	1段階(1)〜(4)
		学習発表会(にこにこ祭)	・にこにこ祭の計画 ・にこにこ祭の準備 ・にこにこ祭の練習 ・にこにこ祭のポスター作り		2 8 1	A B F G	学級・2 学級・8 学級・1	自ら学び自ら考える力 主体的に活動する力 意欲を持って学ぶ力 自分の意思を伝えるスキルを身につけ、生活の中で使い、他者との豊かなコミュニケーションを図る力	国語 社会 音楽 美術	1段階(1)〜(4) 1段階(1)(2) 1段階(1)〜(4) 1段階(1)(2)
後期	11	秋の生活	畑仕事をしよう ・収穫物を使ったメニューを考え調理しよう	12	4 8	A B C	学級・4 学級・8	社会生活に必要なことを知り、周囲の人との関係や社会生活の中で役立てる力 筋道を立てて考える力 他者を尊重する力 自分の意思を伝えるスキルを身につけ、生活の中で使い、他者との豊かなコミュニケーションを図る力	国語 社会 理科 家庭	1段階(1)〜(4) 1段階(1) 1段階(2)〜(4) 1段階(2)(3)
	12	冬の生活	お楽しみ会をしよう	5	5	A B F	学年1・学級4	社会生活に必要なことを知り、周囲の人との関係や社会生活の中で役立てる力 主体的に活動する力 他者を尊重する力 自分の意思を伝えるスキルを身につけ、生活の中で使い、他者との豊かなコミュニケーションを図る力	国語 社会 音楽	1段階(1)〜(4) 1段階(1)(2) 1段階(1)〜(4)
	1	社会のしくみ②	社会のしくみを知る ・選挙のしくみについて ・生徒会選挙に向かう	6	1 5	A B	学級・6	社会生活に必要なことを知り、周囲の人との関係や社会生活の中で役立てる力 他者を尊重する力、自ら学ぶ力	国語 社会	1段階(1)(2) 1段階(1)(2)(4)
	2	進級にむけて	友だちとともに卒業・進級を祝うことができる ・卒業式の準備と練習 ・卒業を祝う	14	6 8	A B F	学級・6・2、学級・6	社会生活に必要なことを知り、周囲の人との関係や社会生活の中で役立てる力 他者を尊重する力 自分の意思を伝えるスキルを身につけ、生活の中で使い、他者との豊かなコミュニケーションを図る力	国語 社会 音楽	1段階(1)(2) 1段階(1)(2) 1段階(1)〜(4)
	3									
後期授業時数合計				60						

年間指導時数	授業形態	人 数	時間数	理由書
105時間 (1単位時間50分)	全校		7	あり
	学部		10	あり
	学年		18	あり
	学級		66	あり
	グループ別		4	あり

資料　教育課程編成及び教育課程評価

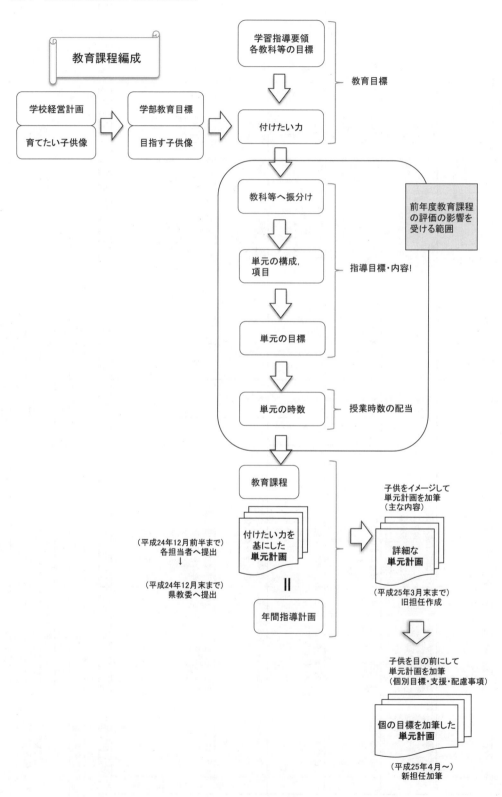

資料　教育課程編成及び教育課程評価

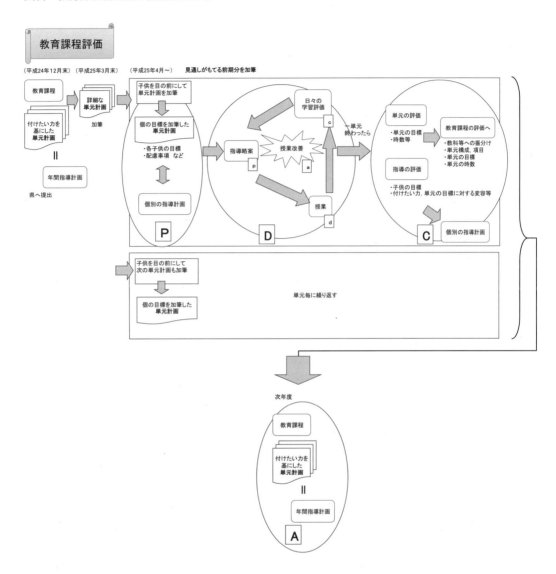

【4】 地域とのつながり

① 「ゆるるの森づくり」事業

　本校は国営備北丘陵公園の隣に位置しており，また，近隣に県立広島大学庄原キャンパスもあり，双方との連携をすすめ，様々な取組をしています。その中の一つとして，「ゆるるの森づくり」事業があります。これは，本校高等部生徒と県立広島大学庄原キャンパスの学生が共同して，国営備北丘陵公園内の未整備地域の整備作業を行っているものです。平成25年度より2年間続けてきました。整備した地域は公園の新エリア「ゆるるの森」として活用する中で，地域の活性化につなげることを目的として取り組んでいます。また，本校高等部生徒が，働くことや社会貢献することの大切さを理解し，職業自立等に向けた力の育成を行うことも目的としています。

【参加者】
・本校高等部生徒
　　第1学年単一障害学級類型Ⅰ
　　第2学年単一障害学級類型Ⅰ
　　第3学年単一障害学級類型Ⅰ

【ご協力いただいた方々】
・国営備北丘陵公園備北公園管理センター職員の皆様
・県立広島大学生命環境学部　教授　入船　浩平　様
・県立広島大学学生
・手仕事ひろば　のんきさん

【これまでの活動】
・顔合わせ会
・作業…下草刈り，木の伐採，伐採した木でベンチ，テラス，遊具を作る，案内看板作り等
・まとめの会

　平成25年度，平成26年度ともに作業を4回行いました。その日の作業で草刈りをしても，また次のときに草がのびているという状態でしたが，少しずつ整備をしていくことで，「ゆるるの森」ができていきました。自然の中で子供たちや地域の人たちが楽しく過ごせるよう，遊歩道を整備し，テラスやブランコ，案内板等を作りました。また，ただ作業をするだけではなく，グループに分かれて話し合いをしながらすすめていきました。平成26年11月には，ＰＴＡ主催による森の感謝祭を行い，小学部，中学部の児童生徒も実際に「ゆるるの森」に行き，楽しい時間を過ごすことができました。ヴィオラ奏者の沖田孝司様ご夫妻にもお越しいただき，「ゆるるの森」のテラスで美しいヴィオラの音色を聴かせていただきました。

木を伐採し，運んでいるところです。日常生活や学校の授業の中ではなかなかできない体験をしました。

丸太にペンキで文字を書き，案内板を作っています。

木にネームをつけるため，名札をのこぎりで切っています。

木を削り，杭を作っています。とても力のいる作業でした。できた杭を道に打つと道らしくなりました。

久しぶりに，ゆるるの森に行くと，荒れていてびっくり！ 自然の力を思い知らされました。

学生さんに指導してもらいながらの共同作業。頼りになります。

テラスを作りました!!

【生徒の感想】
・作業するたびに少しずつ森がきれいになりました。備北丘陵公園にやってくる人たちに喜んでもらえるような「ゆるるの森」になればいいと思います。
・慣れない仕事でしたが，頑張ってみんなと一緒に協力してできました。木の大切さもしっかりと学びました。次も協力しあって，また森づくりをしたいです。
・植物の看板づくりをしました。みんなに植物の名前を覚えてもらえるよう看板づくりを一生懸命にして，私も植物の名前を覚えようと思います。

(仕事を振り返って)
・大量に小枝があったので，奥へどかしました。大変でした。1本の木をノコで切り倒しました。その後，のこぎりが抜けなくなりました。
・仕事はやっぱり疲れました。
・草刈りがよくできたので，次もがんばりたいです。
・木の皮をむいた木をはしっこまで運びました。うでが疲れました。
・Aくんと一緒に木の丸太を運びました。いっぱいになった草と根っこを運びました。
・木の皮は，はがしやすい。

・僕は久しぶりに「ゆるるの森づくり」をしました。今日の仕事は，道を広げる仕事，草を刈る2つの仕事をしました。体操服は汗でぬれました。次回も，「ゆるるの森づくり」を頑張りたいです。
・マップ作りでは絵を描きました。私はブランコの絵を描きました。私は絵を描くのが苦手なのでブランコの絵を描くのはちょっと難しかったです。今日はすごく暑かったけど，頑張りました。
・今日はスコップを使って，根っこ掘りをしました。みんなと協力しながらやりました。すごく根っこがかたくって，なかなかぬけませんでした。なんとか，みんなで協力してかりました。根っこをとったときに顔に土がとんできました。
・木を切るのが大変でした。とてもむずかしかったです。

（次回の仕事でがんばってみようと思うこと及びアイディア）
・草がまだはえていました。だから，草刈り機をつかいたい。
・次回は，もっと分かるように地図作りをみんなと一緒に頑張ります。
・分担した仕事をがんばることです。
・最後までアイディアを考えたいと思います。

【本校職員から見た生徒の変容】
・野外や雨の中での作業は，苦しい中でも決めたところまでやり遂げる経験となり，作業学習などにおいて，どのような状況でも最後までやるという自覚がより強くなりました。
・異年齢層（大学生，講師，国営備北丘陵公園の職員）の方と物怖じせず，話ができるようになりました。コミュニケーション力が高まり，学校においても，来校者にすすんであいさつをする場面が見られるようになりました。
・用意された材料でなく，森という自然を相手にした学習により，実践的判断力が向上しました。また，道具の扱い方が向上し，効率的に動けるようになりました。
・話し合いの中で，自分がやりたいことについて意見が言えるようになりました。また，意見を言うだけでなく，それを実現するために，どんな道具が必要なのか，自分がどう動いたらいいのかということを考えることができるようになりました。

【本校職員の感想】
・「作業」ではなく，「仕事」として理解させる大切さを再認識しました。授業は時間で区切って終わりますが，仕事は決めたところまで完了しなければ終われない等，学校とは異なる仕事の現実が指導する視点として参考になりました。

・生徒にとって，自分達がしたことで環境が整っていくという達成感が目に見えて分かる活動でした。今後に生かしたいと感じました。
・自然を相手にするときの留意事項等，実践的指導の知識が広がりました。中心となる教材だけでなく，外部環境も含めて活動が成立するための様々な要因を把握し，教材研究につなげたいと思いました。

　この「ゆるるの森づくり」事業については，平成27年度も継続して取組をすすめていきます。

平成26年度　広島県立庄原特別支援学校「広げよう備北ネットワーク」プロジェクト事業
②　特別支援教育の"わ"サマーディスカッション

　本校では,「広げよう備北ネットワーク」プロジェクト事業として,特別支援教育の"わ"サマーディスカッションを,昨年度初めて開催しました。この会は,
（1）障害のある幼児児童生徒の教育や就労に係って,庄原特別支援学校を中核とする地域支援ネットワークを確立し,関係機関との相互連携を確立すること。
（2）本校の取組を広く公開し,取組への理解を図るとともに,企業・関係機関の視点による指導を請うこと。
以上,2点を目的としています。
　今回は,保護者,地域関係者,教育関係者,企業,行政の方々が一同に集い,開催しました。外部から約100名の来校者があり,生徒による発表,授業参観,作業学習見学会,作業学習製品販売会,シンポジウムを行いました。今後も関係機関と連携をもち,ネットワーク作りをしながら障害のある幼児児童生徒の指導の充実を図っていきたいと思います。

開会行事
開会行事では,午後からのシンポジウムのパネラーでもある三次商工会議所　会頭
細川喜一郎　様より来賓代表の御挨拶をいただきました。

生徒による発表
5つの作業学習（農業・木工・手工芸・窯業・食品加工）でどのような作業を行っているのか,各グループの代表者がポスターを基に参加者の前で発表を行いました。
生徒たちは,緊張しながらもしっかりと自分たちの行っている作業の内容について説明することができました。

公開授業

2時間目は，全クラスの授業公開とし，参加者の皆様に指導略案集をお配りして，授業参観を行いました。

作業学習見学会

3時間目は，参加者の皆様を3グループに分け，グループごとに5つの作業学習を見学しました。

作業学習見学会

作業学習で製作した製品を参加者の方に販売しました。来校者の方々が会場に来られると生徒たちは「いらっしゃいませ。買ってください!」と大きな声で呼び込みをしていました。自分たちが作った製品が売れるととてもうれしそうな表情の生徒たちでした。

シンポジウム

行政，福祉，企業，商工会，県立広島大学から様々な立場のパネラーをお招きし，「備北の特別支援教育の"わ"～卒業後の進路を見据えて～」というテーマでパネルディスカッションを行いました。様々な立場から現状や，障害のある幼児児童生徒にどのような力を付けていけばよいのか等についてお話をいただきました。

	所　属	職　名	氏　名
パネラー	三次市福祉保健部社会福祉課	課　長	安永　統　氏
	社会福祉法人　育芽会　指定就労継続支援Ｂ型作業所　三次共同作業所	理事長	青谷　龍男　氏
	マックスバリュ西日本株式会社　ザビッグ庄原店	店　長	小濱　秀晃　氏
	三次商工会議所	会　頭	細川　喜一郎　氏
	公立大学法人　県立広島大学　生命環境学部	教　授	坪田　雄二　氏
	庄原特別支援学校	ジョブサポートティーチャー	吉田　英治
	庄原特別支援学校	進路指導主事	門世　幸子
コーディネーター	庄原特別支援学校	校　長	東内　桂子

<吉田　英治>
・知的障害の実態が知られていない。
・企業が少ないからこそ「地元の子は地元で引き受けないといけない」という県北ならではの考えが大切である。
・「意思疎通」「持久力」「意欲」が大切である。

<安永　統　氏>
・福祉サービスの利用…介護給付，訓練等給付の紹介
・乳幼児期から一貫した支援の充実→「サポートファイル」の紹介

<青谷　龍男　氏>
・色々な仕事ができるように教える。
→素質はある。やらせるかやらせないかである。
・PDCAサイクルを大切にしている。

<小濱　秀晃　氏>
・障害者を7名雇用している。
・本校卒業生→まじめ，元気，感謝の気持ち，素直。

<門世　幸子>
・本校は高等部1年から就業体験→早くから体験することで"心構え"が変わってくる。
・先輩から経験を聞く場の設定をしている。
・個別の教育支援計画の作成を行い，児童生徒の指導にあたっている。

<細川　喜一郎　氏>
・企業誘致により雇用確保を増やしたい。
・法定雇用率56.8％（県平均より高い）
・障害者の理解→みよし商工フェスティバル参画

<坪田　雄二　氏>
・「介護等の体験」をしたことにより，学生の意識が変化した。

シンポジウムでは，パネラーの方々からのお話を聞いた後，参加者の皆様から感想等をお伺いしました。その中で，参加していただいた企業の方より「就労に係っては，本人が自己決定しているかどうか，自己有用感を感じて仕事をしているかどうかが大切である。」というご意見をいただきました。

最後に，「子供たちがやる気をもって自分の人生のイメージが描けるような教育を行っていかなければならない。そのためには乳幼児期から子供に関わる関係機関が一貫してバトンを渡し，取り組んでいかなければいけない。」ということを確認させていただき，終了しました。

③ ザ・ビッグ庄原店での展示・販売会

　本校が位置する，広島県庄原市には，ザ・ビッグ庄原店というスーパーがあります。校外学習でバックヤードを見せていただいたり，パック詰めの体験をさせていただいたりしており，本校の教育活動にご協力をいただいています。また，高等部の就業体験でもお世話になっています。平成２６年度より，備北ネットワークのネットワーク作りの一環として，ザ・ビッグ庄原店において，展示・販売をさせていただきました。

〇実施期間　第１回　平成26年6月28日（土）～30日（月）
　　　　　　第２回　平成26年9月27日（土）～28日（日）
　　　　　　第３回　平成27年1月31日（土）～2月1日（日）

〇内容　・チラシ配り
　　　　・店内放送での告知
　　　　・児童生徒作品及び写真等の展示ポスターの前で生徒が本校の取組について説明を行う。
　　　　・作業学習で作った製品の販売

〇第１回の様子
店の入り口では，生徒が展示・販売会のチラシを来店者にお渡ししました。皆様に温かく受け取っていただき，3日間で計2,200枚のチラシを配ることができました。
　28日（土），29日（日）の２日間は，展示会を行い，展示しているパネルの前で，生徒が本校の取組等について，来場者に説明を行いました。また，店内放送も利用させていただき，展示会の告知もさせていただきました。展示見学者は，のべ800名の皆様にご覧いただきました。
　そして，30日（月）は，展示会と合わせて，作業学習で作った製品の販売会を行いました。製品は完売いたしました。

展示の様子

店内放送の様子

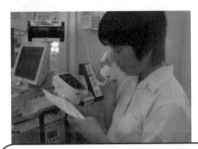

「庄原特別支援学校です。是非見に来てください!」店内放送もさせていただきました。

チラシ配りの様子

最初は緊張していましたが，だんだん慣れてきて，積極的にチラシを渡すようになりました。

展示の説明

　展示している各学部のポスターや作品について，見に来られたお客さんに生徒が説明をしました。相手に分かるように伝えることの大切さを学ばせていただきました。また，地域の方々に，本校について知っていただく機会となりました。

販売会の様子

　販売会では，作業学習（木工）で製作したミニチェアミニテーブルと，作業学習（手工芸）で製作したふきんを販売しました。授業で自分達が作ったものをお客様に買っていただく経験をすることができました。また，使ってくださる方に直接渡すことで，作った喜びを感じ，また次の授業の意欲へとつながっていく取組となりました。

④ 海外交流について

　本校では，平成 24 年度にシンガポールにある知的障害がある生徒が通う学校 2 校と姉妹校提携を結び，交流を続けています。これは，グローバル社会に対応できる幅広い視野を持ち，主体的に行動するコミュニケーション能力を身に付けた児童生徒を育成するために，具体的な実体験を通して，国際性を高めさせるとともに，日本の歴史，伝統，文化等を理解，尊重する日本人としての自覚を高めさせることを目的として行っています。また，国際関係や異文化に対して理解を示すだけでなく，国際社会の一員としての自己を確立し，持続可能な社会及び未来を担う人づくりを図ることも目的としています。

1　交流校
　Towner Gardens School
　Fernvale Gardens School

2　交流の方法
（1）ビデオチャットによる交流
　花田植えという行事や，「学習発表会」のときに iPad アプリの「Face time」を活用して，交流をしています。

本校高等部による「花田植え」です。庄原市に伝わる無形民俗文化財です。この様子をビデオチャットすることで，シンガポールの生徒達にリアルタイムで見てもらいました。

小学部，中学部の児童生徒も iPad の画面に映っているシンガポールの生徒に向かって，手を振ったり，「hello」とあいさつをしたりしました。

（2）フラットスタンレー活動

　フラットスタンレーとは，各校の生徒がお互いに自分の分身となるフラットスタンレーを作成し，お互いに送り合う活動です。送られてきたフラットスタンレーを持って写真を撮り，その写真も送り合うことにより交流を深めます。頻繁に行き来することは難しいですが，顔写真の入ったフラットスタンレーが届くことで，親近感が増します。また，自分の分身がシンガポールまで届くことで，実際に行くことが難しい場合にも，行った経験に近いものが味わえるものです。

電子黒板を使って，花田植えの振り返りの様子を伝えるビデオチャットも行いました。

シンガポールから届いたフラットスタンレーを持って写真を撮りました。

3　Edmodo（iPad のアプリ）を活用した情報交換

　本校の入学式の写真を2校の姉妹校に送信したり，姉妹校からは，旧正月の様子や航空ショーの様子の写真を送信してもらったりしました。

4　姉妹校への短期留学

　平成 26 年 7 月 28 日（月）～ 8 月 11 日（月）の期間，高等部の 2 名の生徒が姉妹校に短期留学を行いました。Fernvale Gardens School へ 4 日間，Towner

Gardens School に5日間通い，授業に参加したり，休憩時間に一緒に遊んだりしました。

授業に参加し，いっしょに活動しています。

校外における異文化体験活動も行いました。公共交通機関で移動し，地図を見て目的地を探しました。

5　姉妹校生徒の受け入れ

　本校に姉妹校の生徒及び教員が来校しました。歓迎会では，本校の生徒と一緒に花田植えを踊ったり，シンガポールのダンスを見せてもらったりして，交流を深めました。作業学習の授業に一緒に参加したり，国営備北丘陵公園での校外活動を一緒に行ったりしました。2日間という短い期間でしたが，実際に会い，生徒同士でコミュニケーションをとり，心を通じ合わせることができました。

　その他にも，クリスマスカードや年賀状を送る等の活動もしています。このつながりを今後も大切にして，交流を深めていきたいと思っています。

⑤ みよし商工フェスティバル

　平成25年度より,みよし商工フェスティバルに参加しています。みよし商工フェスティバルとは,三次商工会議所が中心となり,地域の企業,学校等による,展示,販売,ステージ発表等が行われるイベントです。地元の高校生達が参加する中で,本校高等部の生徒も同じく参加することとなりました。本校は,広島県庄原市にありますが,隣の市である三次市から通学している児童生徒も多数在籍しています。

　平成26年度は,10月25日(土)・26日(日),広島県立みよし運動公園で行われた第22回みよし商工フェスティバルに参加させていただきました。本校のブースでは,小学部,中学部の作品や,高等部の作業学習製品の展示,教育活動のポスター展示,そして,広島県特別支援学校技能検定(接客分野)の実演として,来られたお客様にコーヒーやオレンジジュースをお出ししました。また,カルチャーセンター前では,チラシ配りも行い,本校の紹介と実演の案内もしました。

　生徒たちは緊張しながらも,お客様に丁寧に応対していました。実際に接客を受けられたお客様からも「頑張ってください。」と,たくさんの激励のお言葉をいただきました。生徒にとって良い経験となりました。

展　示

接客の実演

広島県特別支援学校技能検定（接客分野）の練習で身に付けた，お客様にコーヒーかオレンジジュースをお出しする技能です。練習と違ってお客様がいると緊張します。

お客様に喜んでもらえる経験は，学校の授業だけでは味わいにくい経験です。

接客の実演

お客様からのチラシの質問に答えたり案内したりして接客の体験をしました。

積極的にお客様に声をかけ，チラシを配りました。

参考文献

・広島県教育委員会(平成18):「盲・ろう・養護学校　授業改善ハンドブック」
・特別支援教育の実践研究会編　代表　宮﨑　英憲(2014):「特別支援教育の実践情報(No.157)」

・「広島県教育委員会ホームページ　ホットライン教育ひろしま」
http://www.pref.hiroshima.lg.jp/site/kyouiku/photo241213.html
(平成27年3月24日閲覧)
(コラム　技能検定)

・庄原市ホームページ
http://www.city.shobara.hiroshima.jp/bunkazai/minzoku/usikuyouhanataue.html
(平成27年3月26日閲覧)
(コラム　シンガポール姉妹校との交流)

おわりに

　広島県北部にある小さな特別支援学校で，一つ一つ積み上げてきた取組を，このたび全国に御紹介することとなり，大変喜ばしく思っております。

　知的障害特別支援学校における授業づくりでは，「学習指導要領の段階を意識する」，「教科等を合わせた指導において，合わせている教科の内容を意識する」，「児童生徒一人一人に応じた評価規準を設ける」，という基本的な考えの下，組織的に取り組むことが大切であると考えます。そのために，本校では，教育課程検討会議の設置，教育課程評価，編成の方法の確立，単元構成表や系統性一覧表の作成，学習指導略案及び学習指導案の様式の工夫等を行ってきました。本書で御紹介しましたように，学習指導略案や学習指導案の精度が上がり，授業づくりの精度が上がりつつあります。どの教室においても，児童生徒が十分に力を発揮し，育てたい子供像に迫ることができるよう，今後も教育課程及び授業づくりについて，研究し続けていきたいと思っています。また，本書を全国の特別支援学校等で活用していただきますとともに，本校の実践に対しまして御指導いただければ幸いです。

最後になりましたが，本書を発刊するに当たり，ジアース教育新社，広島県教育委員会，独立行政法人国立特別支援教育総合研究所には多大なる御支援，御協力をいただきました。この場をお借りして感謝申し上げます。

平成 27 年 3 月
広島県立庄原特別支援学校
校長　東内　桂子

検討会議メンバー・執筆者一覧

平成23年度教育課程検討会議

校　　　長	東内　桂子
教　　　頭	石田　幹夫
小学部主事	国村　栄治
中学部主事	春田　恭子
高等部主事	大野　英明
教　　　諭	金藤富士子（教務主任）
教　　　諭	岸森　祐子（教務主任）
教　　　諭	中野さとみ（教務主任）
教　　　諭	世良知佳子
教　　　諭	堀田　文治
教　　　諭	新開　篤志

平成24年度教育課程検討会議

校　　　長	東内　桂子
教　　　頭	石田　幹夫
小学部主事	国村　栄治
中学部主事	田邊　晃枝
高等部主事	福田　智子
教　　　諭	細川明子（教務主任）
教　　　諭	石田　功（教務主任）
教　　　諭	堀田文治（教務主任）

平成24年10月より
広島県立三原特別支援学校高等部主事

教　　　諭	世良知佳子
教　　　諭	加嶋みずほ
教　　　諭	岸森　祐子
教　　　諭	加地　信幸
教　　　諭	中野さとみ
教　　　諭	林　めぐみ
教　　　諭	大野　寿久

平成25年度教育課程検討会議

校　　　長	東内　桂子
教　　　頭	立石　均
小学部主事	国村　栄治
中学部主事	田邊　晃枝
高等部主事	福田　智子
教　　　諭	臺　明子（教務主任）
教　　　諭	石田　功（教務主任）
教　　　諭	浅井　宏規（教務主任）
教　　　諭	世良知佳子
教　　　諭	西本　有希
教　　　諭	堅田　詩織
教　　　諭	町田　浩一
教　　　諭	大野　寿久

平成26年度教育課程検討会議

校　　　長	東内　桂子
教　　　頭	国村　栄治
小学部主事	菖蒲田　格
中学部主事	田邊　晃枝
高等部主事	伊藤佐和子
教　　　諭	臺　明子（教務主任）
教　　　諭	松本　和裕（教務主任）
教　　　諭	浅井　宏規（教務主任）

平成26年10月より
広島県立広島特別支援学校高等部主事

教　　　諭	増村　幸
教　　　諭	西本　有希
教　　　諭	堅田　詩織
教　　　諭	林　めぐみ
教　　　諭	大野　寿久
教　　　諭	三藤　沙弥

執筆分担

- 東内　桂子（監修，はじめに，おわりに）
- 菖蒲田　格（監修，第1部，第2部）
- 臺　明子（学校概要，第2部第2章）
- 浅井　宏規（学校概要）
  現広島県立広島特別支援学校
- 松本　和裕（第1部第1章，第2部第1章，第2部第2章，コラム編集）
- 世良　知佳子（第1部第2章，コラム編集）
- 西本　有希（第2部第1章）
- 小山　芙美（第2部第1章）
- 堅田　詩織（第2部第1章）
- 林　めぐみ（第2部第1章）
- 大野　寿久（第2部第1章）
- 増村　幸（第2部第2章）
- 伊藤　千加子（第2部第2章）
- 大原　沙弥（第2部第2章）
- 大井　弘晃（第2部第2章）

平成27年3月末現在

学校が変わる!! 授業が変わる!!
「庄原式」授業づくり

平成27年12月10日　初版第1刷発行

- ■著　　　　　広島県立庄原特別支援学校
- ■著 代 表　　東内　桂子
　　　　　　　広島県立庄原特別支援学校校長（平成23年4月～平成27年3月）

- ■発 行 人　　加藤　勝博
- ■発 行 所　　株式会社 ジアース教育新社
　　　　　　　〒101-0054　東京都千代田区神田錦町1-23　宗保第2ビル
　　　　　　　TEL：03-5282-7183　FAX：03-5282-7892
　　　　　　　E-mail：info@kyoikushinsha.co.jp
　　　　　　　URL：http://www.kyoikushinsha.co.jp/

- ■表紙カバー・本文デザイン　　土屋図形 株式会社
- ■印刷・製本　　シナノ印刷 株式会社

Printed in Japan
ISBN978-4-86371-337-6
定価はカバーに表示してあります。
乱丁・落丁はお取り替えいたします。（禁無断転載）